천혜의
멋진
섬 이야기

천혜의 멋진 섬 이야기

초판 1쇄 발행 2024년 12월 22일

지은이 이상호
펴낸이 장길수
펴낸곳 지식과감성#
출판등록 제2012-000081호

교정 정은솔
디자인 오정은
편집 오정은
검수 김나현, 이현
마케팅 김윤길, 정은혜

주소 서울시 금천구 벚꽃로298 대륭포스트타워6차 1212호
전화 070-4651-3730~4
팩스 070-4325-7006
이메일 ksbookup@naver.com
홈페이지 www.knsbookup.com

ISBN 979-11-392-2301-9(03810)
값 25,000원

- 이 책의 판권은 지은이에게 있습니다.
- 이 책 내용의 전부 또는 일부를 재사용하려면 반드시 지은이의 서면 동의를 받아야 합니다.
- 잘못된 책은 구입하신 곳에서 바꾸어 드립니다.

지식과감성#
홈페이지 바로가기

이상호 지음

천혜의 멋진 섬 이야기

인생은 고해와 같은 현실을 희망으로 변화시키고
의미 있는 삶을 꾸려 내는 것이 필요하다고 생각되었으며
이런 장애는 내 열망을 가로막지는 못했다.

프롤로그

　과거 언젠가부터 섬은 버려진 땅으로 인식되어 온 것이 사실이다. 하지만 선사시대 인류에게 섬은 천혜의 자원이었다. 난폭한 맹수로부터 보호받을 수 있었으며 마음껏 바다 생물을 채취하고 포획하면서 평화롭게 정착할 수 있는 공간인 섬은 독특한 가치가 있었다.

　코로나 팬데믹이란 시기에 기형적인 삶을 살아 내는 동안 위로가 되어 준 건 바다와 섬이었다. 지난날 내가 간절히 해 보고 싶었던 창작과 작품에 대한 꿈이 있었고 또 다른 내 안의 존재를 찾는 데 소중한 기회라 생각되어 이루어 보고 싶었다. 섬을 찾아 나서면 경계가 구분되지 않는 파란 하늘과 짙푸른 바다, 기암절벽에 위태롭게 뿌리내린 해송, 해수면에 반사된 은빛 물결, 하얀 미소처럼 밀려오는 파도, 몽환적으로 피어오른 해무, 해초를 보듬은 갯바위 등 이 아름다운 광경을 바라보면 자연에 대한 경외심이 생기고 심신이 수백 미터의 해저에 가라앉는 듯 차분해지며 감동의 도가니로 빠져들곤 했다.

　망망한 바다 위에 미지의 땅 무인도에는 여태껏 탐방을 해 보지 못했던 불확실성 때문에 상당한 심리적 부담도 있었다. 때론 기상변화에 따른 물리적 위험과 인적이 없는 힘든 벼룻길을 다녀야 하는 위험을 감수해 내야 하는 난관이 있었다. 하지만 인생은 고해와 같은 현실을 희망으로 변화시키고 의미 있는 삶을 꾸려 내는 것이 필요하다고 생각되었으며 이런 장애는 내 열망을 가로막지는 못했다. 돌이켜 보면 머나멀고 접근하기 힘든 미지의 섬들을 탐미적 대상으로 공간과 시간을 정지시키는 작업을 해내는 과정은 너무 어려움들이 많았던 것 같다. 때론 칠흑 같은 새벽에 배를 타야 했고 거센 바람을 맞서야 했고 특히 한겨울에 폭설을 찾아다녀야 했으며 가는 곳마다 험난한 여정들을 감수해야 했다. 바다 위에 무심한 바위섬이라 할지라도 인고의 세월 동안 고난을 극복해 내면서 아름다운 모습으로 변모되고 탄생된다는 자연의 순리를 자세히 보면서 깨우침을 받았다.

팬데믹이라는 시기는 나에게 희망이라는 도전적 메시지로 다가와서 천혜의 아름다운 섬들을 재조명할 수 있는 기회가 됐다. 4년여 동안 200여 개의 섬들을 탐미했었고 우선 그중 가장 기억에 남는 31개의 섬들에 대한 그 감동의 순간들을 창작물로 만들어 간직할 수 있는 꿈을 이룰 수 있게 되었다. 살아 오는 동안 처음으로 출간을 하게 된 것은 이루 말할 수 없는 기쁨이다. 그리고 나아가 우리나라의 보배로운 섬들의 가치에 대한 스토리텔링을 통해 많은 사람들에게 알릴 수 있는 기회가 되어 무엇보다 기쁘고 감사한 일이라 생각된다. 끝으로 이 책을 출간하는 데 도움을 주신 분들께 깊은 감사의 말씀을 드린다.

천혜의 섬

파란바다 물결은 융단이 되고
은빛 윤슬이 빛나서 반겨주니
바람과 구름따라 가고픈 곳

바다와 여명이 한몸되면서
온통 붉은 빛으로 물들여 지고
기암과 해송들이 기다리는 곳

거친 파도가 용틀임을 해대고
거센 비바람이 가로 믹아시도
해품길이 정겹게 반겨주는 곳

태고적부터 우뚝 솟아나서
영겁의 세월을 버텨온 외딴섬
하염없이 그리운 그섬에 가리

목차

프롤로그 6
천혜의 섬 9

I부
봄

경승지 대병대도의 여명 14
해상공원 장사도의 꽃길 20
형제섬에 소바위섬 탄생 26
대덕도와 소덕도 32
물메기의 섬 추도 39
해오라기의 상노대도 45
신비한 역사의 연화도 52

II부
여름

환상의 섬 소매물도 62
해품길이 있는 매물도 67
바다의 비로봉 좌사리도 72
새들의 낙원 학림도 80
까마귀의 섬 오곡도 85
여수 꽃섬 하화도 89
만지도와 연대도 95
비진도의 달밤 102

III부
가을

연화열도의 맏형 욕지도	110
남해의 보물섬 조도와 호도	117
작은 섬을 거느리는 개도	122
여수 비렁길 금오도	127
고흥군의 거금도	132
태고의 수우도	138
공룡의 섬 사도와 낭도	145
백일도와 옥금도	150

IV부
겨울

천황산의 두미도	156
연화도의 이웃 우도	162
민화를 보는 듯한 보길도	168
환상의 섬 신안 자은도	173
진도의 일몰 세방낙조	179
폭설에 찾은 학암포 소분점도	184
눈보라 속에서 찾은 할미도	190
곡망의 섬 백령도	195

《천혜의 멋진 섬 이야기》를 찍고 쓴다   206
   - 박양근(문학평론가) 서평

I부 / 봄

경승지 대병대도의 여명

　거제도 남부면 여차만에 있는 대병대도는 해금강과 더불어 거제도에서 손꼽히는 해상경승지다. 여차마을 서남쪽 가마귀개 앞에서 남쪽으로 보이는 다섯 개의 무인도가 소병대도와 대병대도이다. 이 섬들은 손을 뻗으면 서로 맞잡을 수 있는 거리에 있다. 작은 섬들이지만 그곳에 서식하는 나무들은 다양하다. 특히 사철나무이면서 넓은 잎과 훤칠하게 키가 큰 후박나무, 꽃이 질 때는 구차스럽지 않게 자신의 목을 내어 놓는 동백이 군락을 이루고 있다. 섬과 섬 사이에 빠른 조류의 흐름 때문에 해양 동물과 다양한 물고기들이 많이 살고 있다.

　3월 하순 새벽 4시 거제도 남부면으로 길을 나선다. 소병대도와 대병대도를 탐미하

기 위해서다. 여차항에 도착하니 선장이 배에 시동을 걸어 놓고 낚시꾼들을 태우고 있다. 다른 이들과 달리 낚싯대도 없이 배낭만 메고 배를 타니 이상한 눈으로 곁눈질을 하는 듯했다. 여차항에서 통통선을 타고 새벽녘의 어둠을 뒤로하고 바다로 나가니 멀리 수평선에 여명의 불그레한 색이 점점 짙어지지만 해가 뜨려면 아직 멀었다. 어둠의 바다에 작은 바위섬 근처로 다가가니 낚싯대를 들고 있는 사람들이 마치 더듬이를 세우고 있는 벌레들처럼 보인다. 일출이 잘 보이는 작은 바위섬 가장자리에 배를 붙여 달라고 해서 얼른 내린다.

여(礖) 같은 바위라서 움직일 만한 공간이 없지만 파도를 피할 수 있는 곳에 자리 잡았다. 해가 아직 떠오르지 않아서 바닷물과 공기가 여전히 시려 몸을 움츠리고 어둠 속에서 사방을 살펴본다. 건너편 바위에는 낚시꾼들이 참돔을 잡으려고 연신 낚싯대를 끌어 올렸다 내렸다를 반복하는 정성이 가상해 보인다.

잠시 후 수평선 쪽을 쳐다보니 잿빛 붉은 색이 점점 짙어지더니 대병대도와 바위섬 사이에서 기다리고 기다리던 해가 구름에 살짝 가린 채 붉은 속살을 보여 주니 무아지경에 빠진 듯 황홀한 느낌이다. 바다 가운데 한려수도 섬들 사이에 있는 작은 여(礖)에서 장엄한 일출을 맞이해서 이 순간을 정지시키는 작업을 한다. 새벽에 달려온 피로감과 미지에서 느끼는 불안한 기운도 사라지고 이루 말할 수 없이 뿌듯해진다. 어느새 짙은 어둠이 걷히고 햇살이 비치니 작은 섬들이 윤곽을 드러내고 여기저기 보인다.

바위 가장자리를 자세히 살펴보니 물속에서 해초들이 나풀거리고 조개와 같은 작은 생물들이 바위에 달라붙어 파도가 밀려오면 물살 소용돌이에 휩쓸리기도 하고 살랑거리며 생동하고 있다. 그러면서 한 생명체가 다른 생명체와 관계를 맺고 그 나름대로 조화를 이루고 있다. 해가 많이 올라와 파란 하늘이 보이자 무인도 바위섬에 빼곡한 나무 숲이 바다를 배경으로 천혜의 아름다운 비경을 보여 준다.

 배를 불러서 대병대도 본섬으로 옮겨 달라고 해서 갯바위 가장자리에 뱃머리를 붙여 하선한다. 갯바위 넓은 가장 자리를 살펴보니 거북손, 따개비, 홍합, 고동, 산호, 해초들이 밭을 이루고 있다. 섬의 상단에 나무숲으로 접근하니 사철나무, 동백나무들이 숲을 이루고 있는데 숲 사이로 빈틈이 없을 정도로 빼곡해서 오를 수가 없다.

해가 완전히 떠오르고 나니 짙푸른 바다에 아름다운 대병대도가 펼쳐져 있다. 물 위로 다섯 개의 무인도가 보이고 물속 작은 여까지 포함하면 족히 열 개나 된다. 작은 여(礖) 중에는 마치 거북이가 잠수를 하기 위해 심호흡을 하려고 몸을 일으키는 자세를 취하는 듯한 모양도 있다. 그리고 그 옆에 새끼 거북들이 어미 거북의 뒤를 따르고 있는 듯하다. 푸른색의 물과 회색 암반의 색채들과는 언뜻 어울리지 않는 듯하지만 야생의 이곳에서 이루어지는 조합은 너무나 자연스럽다.

본섬 오른쪽에 해식으로 분리되어 떨어져 있는 바위섬은 분가한 아기섬들이고 물속에 여를 거느리고 있다. 많은 섬들을 다녀 보니 본섬 주위에 항상 작은 바위 아기섬들이 딸려 있는데 섬들도 오랜 세월을 거쳐 해식애가 발생되어 분가를 하는 듯하다. 작은 바위섬들은 다 민둥산으로 바다의 혹독한 해파 때문에 생물이 서식할 수가 없다. 때론 자세히 보면 듬성듬성 파란빛의 담쟁이넝쿨 같은 풀들이 서식하는데 강인한 생명력을 보여 준다. 이들 바위섬은 자연이 만들어 낸 거대한 조각 예술이다. 극한의 환경과 끊임없는 도전에 굴하지 않고 조화롭게 받아들이는 바위섬은 내게 늘 도전의 메시지를 느끼게 준다.

작은 바위섬들은 암석이 파도의 침식을 차별적으로 받아 만들어진 굴뚝 형태의 지형인 시스택(sea stack)이 발달되어 생태 보전을 위해 특정도서로 지정되어 있다. 이 섬들 주변에는 해무를 자주 볼 수 있는 곳이고, 작은 물고기들이 자라는 곳이라 먹이 활동을 위해 늘 바닷새들이 둥지를 트는 곳이기도 하다.

뜨거운 태양 아래 바위섬에서 앉아서 무리를 이룬 바닷새들이 힘차게 날갯짓하는 모습을 한참 동안 넋을 잃고 바라보고 있으면 다른 세상에 온 듯하고 가족이 된 것 같은 느낌이다. 자세히 보면 조개와 어류는 새들의 먹잇감이고, 해초류는 어류의 먹잇감이며, 새의 분변과 사체는 식생들의 거름이 된다. 이 망망한 바다에 바위섬들에서도 먹이사슬을 이루고 자연의 생태는 살아 있다. 시시각각으로 변하는 바다, 바위섬, 어패류, 바닷새들이 평화롭게 살아가는 공존의 지혜를 이 섬에서 배우게 된다. 한려수도 무인도를 찾는 이유가 여기에 있고 내일도 새로운 천혜의 바위섬을 찾고 싶은 이유이다. 칠흑같이 어두운 새벽에 부산을 출발할 때 일출을 볼 수 있을지 조바심이 났고 배편이 없어 불확실한 시작이었다. 하지만 해내려는 간절한 노력에 대하여 자연은 결코 외면하지 않는다는 걸 오늘도 일깨워 주었고 그 감동적인 공간과 순간들을 탐미하고서 화각에 담아 갈 수 있어 너무 감사하다. 그리고 우리나라에 이런 아름다운 섬들이 부지기수이지만 많은 사람들이 찾아서 감동적인 비경을 느껴 볼 수 없다는 게 늘 안타까운 마음이 든다.

해상공원 장사도의 꽃길

　장사도는 통영항에서 남쪽으로 21.5㎞에 위치에 있다. 섬에는 세 가구에 세 명이 살고 있다. 장사도 부근에 죽도(竹島), 대덕도(大德島), 소덕도(小德島), 가왕도(加王島)가 있다. 대부분의 섬들은 해식애가 진행 중이다. 기후가 온화한 난대림이어서 동백나무 군락지를 이루고 후박나무, 구실잣밤나무, 풍란, 석란 등이 많이 자생하고 있다. 그리고 천연기념물로 지정되어 있는 팔색조가 이 섬에서 발견되었다. 장사도라는 섬의 유래가 사람들의 관심을 끈다. 섬의 모습이 뱀처럼 생긴 것 같고, 날짐승이 길게 꼬리를 늘어뜨리고 섬 위를 날아가는 형상이라 하여 한자어로 '진비생이'라고 이름이 붙여졌다. 한때는 이 섬에 뱀이 많았으나 새들의 개체수가 늘어나면서 뱀들의 숫자가 줄었다 한다.

장사도는 통영의 192개의 섬 중에서도 다섯 손가락 안에 들 정도로 천혜의 자연이 아름다운 섬이다. 통영을 찾는 관광객들은 유람선을 타고 한려수도 관광길에 나선다. 제승당, 소매물도, 해금강으로 반복되는 해상 관광 코스가 일부 관광객들의 외면을 받으면서 새로운 관광상품으로 장사도가 떠오른 것이다. 장사도해상공원은 동백터널길, 미로정원, 허브가든 등 20여 개의 코스별 주제정원과 야외 공연장, 야외 갤러리 등 다양한 편의시설을 갖추고 있다. 200여 종의 자생화와 1,000여 종의 다양한 식물이 사계절에 따라 피고 지는 것을 볼 수 있다.

　곳곳의 전망대에 오르면 한려수도의 절경이 한눈에 들어오는, 천혜의 자연적인 아름다움도 그대로 간직한 곳이다. 동백터널의 산책로를 거닐며 곳곳에 있는 조각상을 만나고 자연의 의미를 되새기는 특별한 여행의 즐거움을 느낄 수 있다. 장사도 하면 영화 촬영지로 사람들에게 잘 알려져 있다. 중국에서 한류열풍이 일어났던 2013년 SBS 드라마 〈별에서 온 그대〉의 촬영지로 유명세를 탔던 섬이다. 외계인 역을 맡았던 도민준이 지구 여자 역을 맡았던 천송이에게 프러포즈를 했던 곳이란다.

　장사도에는 선착장이 두 곳이 있다. 하나는 서쪽으로 선착장이 나 있고, 다른 하나는 동쪽으로 선착장이 나 있어 출구로 사용하고 있다. 선착장은 바람과 파도를 막아 주는 방파제 역할을 한다. 파도와 바람이 많이 불 때는 섬에 배를 댈 만한 곳이 없다. 동풍이 불면 서쪽 바닷가로 배를 대고 남풍이 불면 동쪽 바닷가에 정박했다고 한다. 선착장에 내리면 봄을 맞이한 섬 전체가 눈이 시릴 정도로 푸르다. 서편 선착장에서 오르는 언덕 둘레길 양옆에는 수백 종의
예쁜 꽃나무들이 빼곡히 줄지어 반기기 시작한다. 서쪽 전망대에 이르면 비진도와 용초도가 가까이 있고 한려수도 바다에서 자리를 묵묵히 지키고 있는 섬들을 보면 사람이 하는 역할의 중요성을 새삼 상기시켜 준다. 남쪽 코스로 걷다 보면 또다시 전망대가 나온다. 절벽 아래쪽에 동백나무 군락이 펼쳐져 있는데 빨간 동백꽃이 섬 처녀처럼 살포시 웃고 있는 듯하다.

또 다른 절벽 아래에는 하얀 매화가 화사한 느낌으로 기개를 보여 준다. 바다 건너편에는 대덕도와 소덕도가 형제처럼 큰 해파를 막아서듯 나란히 서 있다. 섬들도 이웃에 있으면서 거친 바다를 서로서로 막아 주며 조화롭게 변화하고 자연에 순응하는 걸 보면 생존하
는 진리는 같아 보인다. 이어서 구름다리를 건너고 온실 속에 꽃나무를 보고 나면 야외 음악당이 보인다. 햐! 이런 아름다운 섬에서 음악 연주를 관람한다면 정말 감동적이고 황홀한 느낌일 것 같은 생각이 든다. 세상은 이렇게 여유 있는 삶을 살아야 돼 하면서 중얼거린다. 여기서 한바다를 보며 잠시 쉬어 가며 차 한잔의 여유를 가져 본다. 사람들은 일로 인해 입었던 마음의 생채기를 치료받으러 바닷가로 가기도 한다. 이 섬을 찾아오는 누군가도 그런 생각이지 않을까? 눈부시게 파란 바다와 천혜의 아름다운 섬들에 발길 닿는 곳곳이 예쁜 꽃나무들이라 가만히 있어도 기분이 좋아지는 걸 보면 묘약인 것 같다.

다시 둘레길을 재촉하며 걸으니 동백나무 터널이 보인다. 길 양옆이 동백나무 군락이라 키가 커진 나뭇가지가 터널을 이루고 있다. 산길 바닥에는 먼저 만개했던 동백꽃들이 뚝뚝 떨어져 빨간 꽃길을 이뤄 밟고 지나가기가 안쓰럽다. 동백꽃을 밟으며

사색에 잠긴다. 꽃의 일생처럼 인생도 아름답게 질 수 있을까? 나무숲을 계속 걷다 보면 제법 넓은 전망대가 나오는데 여기서 동남쪽으로 바라보면 가왕도 너머로 대한해협의 수평선이 펼쳐지고 맑은 날이면 일본의 대마도까지 눈에 들어온다. 종착지로 내려

가는 산길에는 노란 개나리꽃이 만개해 속살거리고 홍매화 등 봄꽃들이 물이 올라 예쁜 빛깔들로 맞이한다. 한려수도의 섬에서 화사한 봄꽃들을 보며 눈 호강을 하고 나니 마음이 평온해지고 젊어진 느낌이다. 나이는 숫자에 불과하다고 하는 말이 그냥 스치고 듣는 말이 아닌 거다. 즐길 수 있는 목표를 가지고 끊임없이 도전하는 게 젊게 사는 비결이라 하지 않았던가? 오늘 생기 가득한 섬에서 봄의 기운을 온몸으로 받으니 마음이 쾌활하고 밝아진다. 앞으론 자연과 더 가까이하면서 다가올 소중한 시간들을 흥미롭게 보내야겠다고 다짐해 본다.

📍 형제섬에 소바위섬 탄생

   5월 말은 신록이 하루가 다르게 짙어진다. 꽃나무들의 생기가 하늘을 찌를 듯한 시기라 섬도 색채가 선명하다. 이럴 때면 섬 풍경이 아른거려서 그곳으로 달려가고픈 마음이 솟구친다. 아침 하늘을 보니 맑고 구름이 살짝 낀 듯해서 약간 설레고 있었다. 한려수도는 가깝고 아름다운 섬의 자원이 많은 곳이다. 특히 거제 남부면 해안들과 섬들은 빼어난 자연 풍광이 많아서 늘 가고픈 곳이기도 하다. 오늘은 거제 형제섬으로 배낭을 메고 출발한다. 코로나 팬데믹 때문에 기형적인 삶을 살아 내는 동안 바다와 섬은 내게도 위로가 되어 주며 나를 돌아보게 했고 또 다른 존재를 찾는 데 소중한 기회라 생각되었다.

거제 다포도는 가라산 아래 다대마을에서 직선거리로 약 2.5㎞ 지점에 있는 몇 개의 작은 무인도들인데 그중 마주 보고 있는 두 섬을 형제섬이라 부른다. 형제들이 늘 붙어 있는 것처럼 가까이서 파도와 강풍을 지켜 주듯이 몸을 둥글게 부풀게 해서 소다포도를 지키고 있다. 바위섬으로 자연경관이 수려하고 후박나무, 동백나무 군락 등 식생이 서식하고 있다. 수생무척추동물의 다양성이 풍부하고, 시스택이 발달하여 독도 등 도서 지역의 생태계 보전에 관한 특별법에 의거 특정도서로 지정되었다. 동쪽으로는 거제 해금강이 보이고, 서쪽 천장산과의 사이에 있다.

남부면 해안도로를 접어들면서 양쪽 길섶에는 계절 풀꽃들이 무성하게 늘어서 있다. 그중 하얗고 빨갛게 핀 풍성한 수국들이 무리 지어 있는 곳이 보인다. 속살거리는 꽃들을 자세히 보려고 차에 내려서 꽃들을 화각에 넣어 본다. 수국의 꽃말은 변덕

과 진심이라는 이중적 의미를 가지고 있지만 난 변덕보다는 진심이라는 의미로 더 많이 사용한다. 수국의 꽃 색깔은 자라는 토양의 산도에 따라 달라지는 특징이 있다. 이 길은 여러 번 왔지만 아름다운 청취가 넘치는 곳이라 드라이빙 코스로 자주 오고 싶어진다.

여차항에 도착해서 통통선을 타고 다포도섬으로 향한다. 배를 타고 한려수도 허허바다로 나가니 날씨도 좋은 데다 익숙한 바다 비린내가 너무 좋다. 남쪽에 대소병대도 가왕도, 매물도 등이 여기저기 신비로운 섬의 자태를 뽐내고 있다. 동쪽에 거제도 해금강이 보인다. 파란 물결과 윤슬은 나를 반겨 주는 듯 넘실대고 있어 흥미가 분출된다. 배를 타고 20분 정도 나가니 형제섬이 보인다. 배를 탄 채 섬 주위를 한 바퀴 돌면서 섬의 자태를 화각에 넣어 본다. 바위섬의 아래쪽에는 영겁의 세월 동안 해파를 이겨 낸 굴곡진 암반의 흔적이 살아 있다. 위쪽은 빽빽하게 숲을 이루어 짙푸른 바다와 조화롭다. 짙은 녹음의 갈매색 여름 숲보다 지금처럼 파란 바다와 연둣빛 신록의 배색이 아름다운 때이다. 선장이 바위섬에 배를 붙이기 좋은 방향으로 뱃머리를 들이대면서 접근한다. 장비를 메고 선두로 가서 내릴 준비를 하고 있다가 얼른 내린다. 갯바위 자락에서 바위섬으로 올라가서 이동할 수 있는 동선을 먼저 살펴본 다음 화각이 좋은 곳에 자리를 잡아야 한다. 남쪽 바위섬 가장 풍광이 좋은 널찍한 바위에 배낭을 내려놓는다.

다포도 중에 형제섬은 세월이 가면서 조금씩 사이가 멀어져 가고 있다. 두 형제섬이 풍화되어 가고 있는 모습을 볼 때마다 우리 인간의 형제애를 생각해 보는 계기가 된다. 세파에 시달리다 보면 어릴 때 자라면서 가졌던 끈끈한 형제애도 식기 마련이다. 말 못하는 자연물이라고 예외이겠는가. 형제 바위도 서로의 서운함이 너무 크나 보다. 본섬에서 떨어져 나간 작은 아기 바위섬도 몇 개 생겨 탄생됐다. 지도상에서 나타나 있지 않은 이름 없는 이 바위섬을 나는 지암도라 부르려 한다.

　바위섬에 앉아 쉬면서 따뜻한 물을 마시며 자연멍에 빠져 본다. 바위섬 위에서 주변을 둘러보니 생명의 숨결이라고는 없는 척박하고 암담한 회색 바위뿐이다. 그런데 암반 틈 사이에 녹색의 풀이 조금씩 보인다. 혹독한 해파와 수분이 없는 척박한 곳에서도 생물이 서식한다는 게 신비하고 경이롭다. 카메라를 들고 한려수도의 아름다운 자태를 담으려고 연신 셔터를 눌러 대면서 바위에서 옮겨 다닌다. 하지만 색다른 풍광의 순간을 포착할 수 있는 광경을 담아 보려 했지만 작은 바위섬이라 소재거리가 없다. 혹시 바닷새라도 나타날까 간절함으로 기다려 보는데 두 개의 바위섬 사이로 통통선 낚싯배가 지나가는 장면을 순간적으로 포착해서 화각에 넣고는 약간 뿌듯한 마음이 생긴다. 그러는 사이 해는 서쪽으로 기울고 있어 낚싯배를 불러서 여차항으로 돌아왔다. 배낭을 차에 싣고 출발하려다가 오늘 작업 성과가 부족하다는 생각에 아쉬움이 들었다. 그때 해가 서쪽 산봉우리로 점점 기울고 있어서 이 근처 일몰 포인트를 찾아 나선다.

　약간 흐린 듯하지만 태양이 또렷해서 아름다운 석양을 볼 수 있을 것 같은 느낌이 든다. 순간적인 지리적 판단으로 일몰을 잘 볼 수 있는 남부면 홍포 전망대 길을 찾아 나서 비탈길에서 서쪽을 바라보니 황금빛 하늘에 빨간 석양이 또렷하다. 그리고 해가 서쪽 봉우리 근처에 내려오면서 환상적이게 아름다운 노을이 온 하늘을 물들이고 있다. 대자연의 아름다운 순간을 보고 있으니 감동의 도가니에 오롯이 빠져든다. 석양이 넘어가기 전, 그 순간에 서둘러 렌즈를 꺼내서 연신 화각에 담는다. 숨을 쉴 틈도 없이 몰입하다 보니 이내 해가 산 너머로 사라진다. 자연에 가까이 가면 갈수록 신비하고 경이로운 공간과 순간을 볼 수 있다는 사실을 오늘도 느끼면서 감사한 마음으로 발길을 돌린다.

대덕도와 소덕도

　대덕도와 소덕도는 통영시에 속하지만 거제시 남부면에서 훨씬 가까운 곳에 있는 무인도이다. 섬의 면적은 0.09㎢로 거제도에서 1.5㎞ 떨어져 있고 형제처럼 대덕도와 소덕도가 나란히 있다. 주변에 가왕도, 장사도, 매물도가 있으며 섬의 남쪽 해안에 해식애가 발달해 있다. 식생으로 후박나무, 동백 등이 있고 초지가 잘 형성되어 있다.

　오늘은 동기 동창인 친구와 함께 거제도에서 가장 빼어난 해안 절경을 따라 해금강이 있는 남부면으로 길을 나선다. 하절기라 하늘에 구름이 가려져 있지만 황사가 끼지 않아서 촬영하기 좋은 날씨다. 1시간 30분 정도 달려 거제시의 상수원이 있는 구천리를 지나칠 때쯤 배가 출출해서 평소 이 길을 다니면서 한 번씩 들르는 마당이 너른 식당으로 들어간다. 가정식 추어탕과 백반 식사를 깔끔하게 잘하는 곳이다. 모처럼 친구를 먼 길까지 데려온 미안함이 내심 있었기에 맛있는 점심을 사 주어야겠다는 생각으로 푸짐하게 달라고 한다. 식사를 하는데 마음도 푸근하고 좋은 친구와 동행하며 먹어서 그런지 꿀맛처럼 맛있게 먹었다. 식사를 하고선 고즈넉한 시골 가옥들과 들녘을 쳐다보며 커피 한 잔의 여유를 잠시 느껴 본다. 그리고는 목적지가 배를 타고 들어가는 섬 트레킹이기 때문에 서둘러 다시 차를 몰고 달려간다.

30분 정도 주행을 하니 남부면 흑진주 몽돌해변이 보이는데 해변에 동그란 검은 몽돌이 널려 있다. 파도가 밀려들어 왔다가 빠져나가면서 반짝거리는 몽돌이 눈부신 아름다운 해변이 저만치 보인다. 이곳은 올 때마다 내려 걷고 싶고 눈 호강 하며 갈 수 있는 정겨운 길이다.

서둘러 차를 몰고 해안도로를 타고 주행하니 비탈면 노견에 수국이 붉게 피어 활짝 웃고 있다. 해안도로 아래에는 옥빛 바다가 펼쳐져 있어 천혜의 풍광을 끼고 갈 수 있는 아름다운 드라이브 코스이다. 이 길에 들어서면 머릿속에 잡념들이 파편이 되어 흩어지고 감동과 기운을 선사받는다. 콧노래를 흥얼거리고 즐기는 기분으로 달려가서 도착한 곳은 남부면 대포항이다.

포구에서 뱃길로 약 20분 거리에 대덕도와 소덕도가 형제처럼 지척에 있다. 하지만 두 섬은 무인도라서 정기 배편이 없기 때문에 서둘러 선장에게 개인 낚싯배를 대절해서 타고 나가야 한다. 배가 허허바다로 파도를 가르며 나가니 파란 하늘과 바다가 융단처럼 펼쳐져 있는 듯하며 약간 더운 날씨지만 해풍은 감미롭다. 거친 바위섬이지만 위쪽에는 신록이 빼곡히 들어서서 아름다운 바다와 조화를 이룬다. 먼저 대덕도 섬의 아름다운 형상을 카메라에 담기 위해서 섬을 한 바퀴 선회한다.

섬의 머리 방향으로 접근하니 눈앞에 암탉 한 마리가 조용히 앉아 알을 품고 있는 듯한 대덕도가 보인다. 섬사람들과 뱃사람들에게 해가 뜨는 것을 알리려고 늘 고개를 꼿꼿하게 세우고 있는 듯하다. 알을 잔뜩 품고 있는 듯 몸집이 후덕하다. 조물주는 섬사람들에게만 이런 멋진 장인의 공예 솜씨를 보여 준다. 섬을 여행하면 누구든 상상력이 풍부해지는 이유다. 상상력이 풍부해지면 사람의 성격이 둥글둥글해지고 인내심도 많아진다. 상상력에서 생긴 힘은 스트레스를 덜 받게 하고 껄끄러웠던 사람들과의 관계도 원만해진다. 누구든 섬을 여행하면 바다는 무엇이든 아낌없이 내어 놓는다.

섬의 외형을 둘러본 다음 접안하기 좋은 갯바위 쪽으로 선장이 배를 접근시킨다. 그리고 뱃머리를 들이미는 순간 배에서 얼른 내려야 한다.

　낮은 해안 쪽으로 하선해서 암반의 능선을 따라 올라가니 과거에 생활하던 가옥이 한 두 채 보이지만 지금은 폐가로 인적은 찾아 볼 수가 없다. 능선을 따라 높은 곳까지 숨 가쁘게 올라서니 능선 위쪽에 펼쳐진 초지의 광경이 보이는데 어머니의 품 같다. 신록은 생기가 넘쳐 나고 드문드문 야생화가 아름답게 피어 있다. 아무도 없는 적막한 암릉을 걸으니 섬에서만 느낄 수 있는 고요함과 평온함이 느껴진다. 섬 정상의 가장자리에는 해식애가 발달하며 기암절벽을 이루고 있어 접근하기 어렵다. 섬 사방에 한바다가 옥빛 융단처럼 펼쳐져 있고 한려수도에 섬들이 각기 다른 아름다운 형상으로 존재감을 드러낸다. 오랜 세월이 만들어 낸 숨은 비경을 보고 있으니 다른 세상에 와 있는 듯하다. 고아한 정취를 느끼고 야생의 기운을 받는 것 같다.

　다시 소덕도로 배를 타고 나가는데 해무가 끼고 하늘빛이 회색이다. 선장이 배를 섬에 접근하면서 섬 외곽을 선회해 주는 동안 아름다운 자태를 화각에 담으려고 배 위에서 안

간힘을 다해 본다. 이곳은 암반 해안이 해식애가 진행되고 해파에 절벽이 오랜 세월 기암괴석을 이루고 시스택이 잘 형성되어 있다. 마치 미켈란젤로가 바위를 다듬는 정으로 미세하게 바위를 쪼아 놓은 것처럼 하늘을 향해 시위를 하고 있는 절벽을 보면 입이 다물어지지 않는다. 절벽 암릉 사이로 무리를 이루고 있는 식물과 야생화가 한 편의 풍경을 만들어 주고 보는 사람을 행복하게 해 준다. 배를 남쪽 갯바위로 접근시키고 뱃머리를 들이밀자 친구와 나는 소덕도에 얼른 내린다.

6월인데다 습도가 높아서 후덥지근한 날씨였다. 친구는 허리가 안 좋은 편이라 평지 암반에서 풍광를 즐기며 기다리라 한다. 섬 외곽 암반이 급경사라 접근이 힘들었지만 풍광과 식생들을 탐미하려면 오를 수 있는 데까지 안간힘을 쓰고 올라가 본다. 섬의 위쪽은 나무가 빼곡하게 숲을 이루고 있고 가팔라서 접근하기 힘들다.

꽃나무, 기암, 옥빛 바다를 화각에 잡아서 셔터를 눌러 댄다. 건너편 대덕도를 바라보니 위쪽 부분은 해무와 구름에 싸여 있다. 마치 신선이 살고 있는 무릉도원처럼 신비하고 몽환적인 세계에 들어와 있는 듯해서 그 풍광에 빠져든다.

동남쪽으로 바라보니 가왕도와 소병대도가 그림처럼 보인다. 무인도가 되어 버린 가왕도 귀퉁이에 하얀 등대만 외롭게 빛을 발하고 있다. 외로움을 달래주듯 구름 꽃이 한려수도를 수놓고 있는 풍경은 그야말로 절경이다. 오랜 세월 해식애와 해파에 시달리면서 바위섬이 분리되고 움푹 파인 형상을 보니 섬들도 거친 바다에서 생존하기 위해 몸을 분리하고 몸을 깎아 내는 아픔을 견디어 냈을 것이다.

살아남으려면 변해야 한다는 생각은 자연이나 삶이나 같다는 생각이 든다.

다시 친구가 생각나서 멀리서 친구를 쳐다보니 무더위에 옷을 벗어 던지고 속옷만 입은 채 땀을 콩죽같이 흘리며 앉아 있는 모습이 고맙고 애처롭다. 친구 따라 강남 간

다는 속담이 있지만 인적이 없는 오지의 무인도 섬에 같이 오자고 한 것이 내심 미안하다. 정말 좋은 친구를 두어서 행복하고 고마운 마음이다. 암반 절벽에서 촬영을 하다가 사진기를 정리하고 서둘러 친구가 있는 갯바위로 내려간다. 섬 능선 아래 해안 갯바위에 혼자 있는 친구 옆으로 가서 가져온 막걸리 한잔하고 옛날 학창 시절 이야기를 하며 폭소를 짓는다. 무인도에서 호젓한 낭만에 푹 빠져 있는 동안 선장이 뱃고동을 울리며 승선하라는 신호를 보내온다. 서둘러 배낭을 둘러메고 배를 타고 항으로 돌아오면서 생각에 잠겨 본다. 무인도에서 고생은 했지만 오늘의 수확에 대한 보람이 있어 마음이 뿌듯하다. 그리고 친구 덕택에 멋진 섬 탐미 작업을 하고 나니 흐뭇한 마음이고 같이 즐길 수 있어서 마냥 좋았다.

물메기의 섬 추도

통영시 산양읍에 속해 있는 추도는 통영항에서 21㎞ 떨어진 섬이다. 면적은 1.64㎢이고, 해안선 길이는 12㎞이다. 이 섬에는 약 100명 정도의 낙도민이 살고 있고 희망봉이라는 산이 있다. 산을 기준으로 해서 대항, 미조, 샛개, 물개 등의 마을이 터를 잡고 있다. 섬의 서쪽 끝 미조마을 해안에는 천연기념물로 지정된 수령 300년의 후박나무 한 그루가 마을의 수호신 역할을 한다. 해안으로 걸어 나가면 용암이 분출되어 만들어진 기암괴석들이 있다. 해안선을 따라 흔들바위, 오지바위, 농바위, 가마바위, 북바위, 수리바위 등 그 이름에 어울릴 법한 기암괴석들 즐비하다.

추도의 자랑거리는 다른 섬에 비해 물맛이 대단히 좋다는 것이다. 섬을 여행하면서 늘 느끼지만 물을 마실 때는 약간 간간한 맛이 난다. 하지만 이곳 물맛은 간간함이 느껴지지 않는다. 아마도 산에서 물이 나와서 그럴 것이다. 검증된 사실은 아니지만 추도에서 샘물을 마시고 속 쓰림 같은 위장장해가 있는 사람들이 효과를 봤다는 소문 때문인지 우물가는 사람들이 북적거릴 때가 많다고 한다. 그리고 대부분의 섬은 물이 부족했지만 추도는 우물마다 물이 펑펑 솟아난다. 아무리 가뭄이 심해도 마을 사람들은 물 걱정이 없다고 한다. 물이 풍족하니 논농사나 밭농사를 짓는 데 어려움이 없단다. 추도는 보릿고개 시절에도 쌀밥을 먹을 수 있을 정도로 넉넉했다고 한다.

부산에서 한 번 더 추도를 가기 위해 출발한다. 오전 6시 50분에 배를 타는데 큰 배에 승객이 나 혼자뿐이다. 통영항을 빠져나가 검은 바다로 나가니 어둠에 한려수도 섬들이 저마다 다른 형상으로 바다에 우뚝우뚝 서 있다. 배가 한바다로 나가 동이 틀 무렵 동녘 바다는 수평선 너머에 여명이 하늘을 점차 붉게 물들이고 있다. 동쪽 바다에 매물도와 작은 바위섬들은 잠들어 있다가 부스스 눈을 깨는 듯 약간의 홍조를 띠기 시작한다. 마침내 해가 수평선 위로 오르면서 붉은 광채가 해수면 위에 부서지며 반짝이는 모습은 마치 보석처럼 눈부셔 경외심이 생겨난다. 한려수도의 수상에서 일출을 맞이한 드라마틱한 시공간은 감동의 물결로 다가오니 황홀경에 빠져 헤어 나오지 못한다. 배는 어느새 추도 대항마을 선착장에 도착해서 내리니 인적이 별로 없다. 선착장에서 마을 어귀로 걸어가 보니 작은 상점이 있어 나중에 점심을 부탁해 놓고 간식을 사가지고 산길을 향한다.

먼저 작은 산으로 방향을 잡고 산길을 올라간다. 숲속 둘레길에는 이름 모를 멧새들이 지저귀고 쭉쭉 뻗은 소나무, 동백나무, 후박나무들이 먼저 눈에 띈다. 우거진 나무숲은 그늘을 만들고 바람을 막아 주어 걷기에 편안하게 해 주고 인적이 없어 호젓한 느낌을 준다. 산길 좌우에는 어린 관목과 무성하게 자란 덤불들이 빼곡하여 자연스런 생태가 잘 보전되어 있다. 작은 바윗돌에 달라붙어 서식하는 이끼 식물들은 인간의 손길이 닿지 않은 듯 야생 그대로의 모습을 보여 주고 있다.

봉우리를 넘어 해안 절벽 끝에 있는 수리바위로 가는 산길로 접어들어 숲길을 간다. 수령이 오래된 빼곡한 동백나무가 늘어서 있는데 선홍색으로 만개한 꽃들이 오솔길 양옆에서 반겨 준다. 산길 바닥에 뚝뚝 떨어진 붉은

꽃들이 밭을 이루고 있는데 인적이 없어 고아한 섬의 정취를 느낀다. 이곳을 지나가는 발걸음을 가벼이 내디딜 수밖에 없어진다. 사진기를 들이대고 예쁜 동백꽃을 한 컷을 찍기 위해 서 있노라면 사뭇 누군가가 그리워진다. 그길로 유유자적 산길을 계속 올라 산봉우리를 넘어서고 가파른 내리막을 타니 해안에 짙푸른 바다가 보이고 절벽 끝이 절경인 수리바위로 가는 길이 나온다.

절벽 끝에는 마치 커다란 새가 동쪽 바다를 바라보는 듯한 수리바위가 있고 낭떠러지 아래는 짙푸른 바다가 넘실대고 있다. 그 뒤쪽에 정자가 놓여 있어 배낭에서 막걸리를 꺼내 허허바다를 쳐다보며 술 한잔을 기울여 본다. 절경을 보며 몰아지경에 빠지며 한 박자 느린 삶을 이어 가니 감성 호르몬이 분출되어 날 것 같은 기분이다. 아름다운 비경을 화각에 담고 쉬면서 자연명에 잠긴다.

남쪽 해안으로 내려가는 오솔길에 예쁜 관목들을 보며 등 너머 마을 해안으로 걸어간다. 남쪽에 짙푸른 한바다와 수평선이 보이고 몽돌해변이 아치 형태로 펼쳐져 있다. 해변에 작은 파도가 찰싹거리는 소리를 들으며 불어오는 바람 비린내를 즐기면서 천혜의 기운을 들이마신다. 다시 일주로를 지나 큰산 아래로 걸어가는데 간들바람이 살랑거리니 꽃비가 내리듯 하얀 꽃잎이 사르르 내려앉는 곳으로 가 본다. 남쪽 따뜻한 햇발이 잘 드는 길섶에 수령이 오래된 벚꽃나무가 있다. 벌써 만개한 꽃잎이 팔랑팔랑 안기듯이 내게로 뿌려 주니 꽃잎에 취해서 몽환적 분위기를 느끼게 한다.

해안으로 내려가는 길이 나 있어 쳐다보니 마치 용머리처럼 길게 뻗어 돌출되어 있는 절벽길이 보여 그길로 향한다. 그 오솔길에는 해송, 먼나무, 동백나무, 민들레가 보이고 해안 끝에는 암릉이 솟아 있고 절벽으로 깎여져 있다. 천혜의 기암 비경을 볼 수 있는 샛개끝이라는 곳이다. 암반, 해송, 짙푸른 물결, 윤슬, 수평선을 보면 절묘한 선과 색채의 조화가 자연이 만든 걸작이다. 한려수도에 천혜의 숨겨진 비경의 섬이다. 이런 풍광을 만나서 탐미할수 있는 건 축복받은 일이다.

그곳에서 무아지경에 빠져 한동안 멍때리면서 태곳적 세계에 있는 듯 묘취된다. 천혜의 아름다움에 숙연해지고 자연스런 조화로움에 깨우침을 받고 내안의 다른 존재를 느껴 본다. 다시 일주로 서쪽 방향으로 길을 가니 한옥집이 한 채 보이고 밭을 일구는 할머니가 보여 인사말을 건네니 커피 한잔하고 가라고 말을 건네고 손짓을 하신다. 섬마을 외딴곳에서 사람이 외로운 분이라는 생각이 들어서 거절하기가 머쓱한 느낌이다. 현관으로 들어와 앉도록 안내하시며 따뜻한 물을 끓이는 동안 섬에 정착한 계기를 주섬주섬 이야기하시고 할아버지와 살아온 인연을 들려주신다. 외딴섬에서 자연을 벗 삼아 편하게 살아가시는 노인네의 소박한

인심과 커피 맛으로 가슴을 훈훈하게 해 주시어 감사하다며 말씀드리고 길을 나선다.

　20분쯤 걸어갔을까 서쪽에 본섬에서 분리된 듯한 바위섬으로 위쪽에 해송이 빼곡히 솟아 있고 깎아지른 암반으로 형성된 용두도가 길섶 벚꽃나무 사이로 보인다. 산길을 내려가 갯바위 쪽으로 접근하니 물속에 큰 암반이 넓게 이어져 있는데 밀물 때는 물속에 잠겨 분리되고 썰물 때는 연결되기도 하는 듯하다. 척박한 갯바위 야생 위에서 작은 생물이 빨갛게 홍조를 띠고 자라고 있어 대단한 생명력을 보여 준다. 해식으로 분리된 용두암을 보고 있노라면 바위섬도 세월이 흐르면서 분가하여 홀로서기를 하며 새 섬으로 탄생하게 된다는 느낌이 든다.

　일주로에서 조금 더 걷다 보니 작은 어촌마을인 미조항이 보인다. 마을 길로 내려가는 중턱에 신비의 수령 500년 후박나무가 엄청난 가지를 뻗고 있는데 마을 수호신처럼 초연하게 지켜 주고 있는 듯한 모습에 경외감이 차오른다. 섬마을에서 오랜 풍파를 다 겪어 내면서 마을 사람들에게 안정과 포용을 베푸는 뿌리 깊은 나무라 왠지 숙연해진다. 시간을 보니 배 시간이 얼마 남지 않아서 선착장으로 향한다. 오늘 약 5시간 정도 산길을 걸어 다녔지만 피곤한 느낌이 별로 들지 않는 것 같다. 추도를 처음 다녀간 뒤 벚꽃이 만개하는 시기에 다시 들렀는데 생기가 넘쳐 나고 또 다른 야생의 미를 보고 간다. 추도에서 천혜의 아름다운 기암 절경을 탐미하면서 느낀 감동의 물결이 지금도 생생하게 남아 있고 덤으로 소중한 자연의 가치를 배워 갈 수 있어서 뿌듯하고 행복하다.

📍 | 해오라기의 상노대도

　3월 25일 새벽 4시에 부산에서 출발해서 통영여객터미널에 도착해 시래깃국을 한 그릇 먹고 배를 탄다. 6시 50분에 정기선 배는 통영항을 뒤로하고 어두운 밤바다를 항해했다. 20분 정도 지나고 멀리 어렴풋이 한려수도 섬들의 검은 그림자를 보니 아직 잠을 자고 있는 듯하다. 검은 피사체 좌우로 학림도, 저도, 한산도, 연대도가 우뚝 솟아 있고 간간이 작은 불빛이 멀리에 보인다. 어둑한 바다에서 보이는 섬들은 기하학적 형상을 하고 있고 해수면에는 하얀 파도가 도드라지게 일고 있다. 허허바다에 수평선에는 점점 밀어 올리는 여명으로 어둠을 몰아내고 수평선 너머로 오곡도, 비진도, 추도가 잠투정을 하고 있는 듯하다.

　추도를 지나칠 때쯤이면 일출이 시작될 시간이었지만 구름 낀 하늘이 장난기를 발동하면서 붉은 해가 고개를 쉽게 내밀지 못하게 한다. 해는 구름에 가려 모습을 보여 주지 않았지만 동녘 하늘은 붉은 물감으로 칠한 듯 타오르고 있다. 동쪽에 매물도를 붉은색으로 휘감는다. 두미도가 보이기 시작할 무렵 맑은 얼굴을 한 해는 구름 위로 떠올라 아침 바다를 깨운다. 한려수도 섬들은 부끄러운 듯 붉은빛이 돌며 햇빛은 파도에 반사되어 은빛 물결을 만든다. 바다 위 선상에서, 그것도 한려수도의 선상 일출을 마주한 감동의 드라마틱한 순간들이 머리와 가슴에 영원히 꽂힌다.

　기분 좋은 아침을 맞이하는 흥분이 가라앉기도 전에 여러 개의 크고 작은 섬들이 뱃머리를 향해 돌진해 온다. 배는 기다렸다는 듯이 첫 번째 목적지인 상노대도 탄항에 접안하여 마을 주민들을 안전하게 내려 주고 뱃머리를 돌려 산등항으로 향한다. 다시 배가 출발한 지 약 5분쯤 지나자 산등항이 보이기 시작한다. 서쪽에서 남쪽으로 서 있는 바위들은 용이 누워 있는 듯한 모습이다. 그리고 해송들이 병풍처럼 그 용바위 형상을 하고 있는 바위들을 감싸고 있다.

산등항 도착하자 마을 주민 네 사람이 함께 배에서 내렸다. 열 가구 정도밖에 안 되는 작은 섬마을이고 모두 노인네들만 보인다. 상노대도 산등항 마을 뒷산에 깃대봉은 열 가구 정도의 마을 집들과 주민들을 비바람으로부터 보호해 주는 든든한 어른이나 다름없다. 하룻밤 민박을 마을 이장에게 부탁하자 마을회관에 방 하나를 흔쾌히 내주었다. 배낭을 풀고 잠시 쉬면서 둘러볼 섬의 동선을 점검하고 마을로 나선다.

먼저 용꼬리 모양을 하고 있는 쪽으로 길을 잡는다. 칠리도를 지나 산길을 따라 언덕을 오르자 마을 사람들이 가꾸는 채소밭들도 보인다. 사람 발길이 거의 닿지 않은 작은 섬들에서만 볼 수 있는 특이한 현호색 야생화가 반갑게 맞이해 준다. 조금 더 올라가다 보니 오래된 수종에 매화꽃이 절개를 자랑이라도 하려는 듯 활짝 만개해 있다. 기암절벽 위로 나 있는 벼랑길을 걸어 나가니 짙푸른 바다에 길게 누운 바위섬, 절벽 암반에 해송, 매화꽃 나무는 절경이다. 카메라 줌을 당기고 밀면서 연신 카메라 셔터를 눌러 화각에 담아 본다. 아직 쌀쌀한 날씨인데도 흥미로운 풍경들이 추위를 잊게 하기에 충분하다. 정오가 지나는 줄도 모르고 해안을 헤집고 다니다 마을로 향한다.

여기는 워낙 작은 섬마을이라 식당도 없다고 한다. 마을회관으로 가서 가져온 점심을 먹고 차 한잔을 마시며 섬마을 정취를 느껴 본다. 다시 마을을 나서서 깃대봉을 오르기 위해 산길을 탐미하면서 야생을 천천히 살펴본다. 산에는 야생 홍매화와 붉은 동백꽃이 수줍은 듯 피어 있고 풍란들이 여기저기 보여 야생의 느낌이 고스란히 느껴진다. 이곳은 인적이 거의 없는 곳으로 오솔길도 찾기가 쉽지 않아서 길을 헤매던 중 고라니가 놀라서 후다닥 달려가는 소리에 나도 섬뜩해진다.. 길이 나 있지 않은 산을 넘어가긴 쉽지 않아서 마을로 다시 내려가며 해변을 쳐다보니 짙푸른 바다에 해오라기들이 유유자적 날고 있다. 선착장 건너편 칠거도는 용이 드러누운 것 같은 작은 섬들이 늘어서 있는 모양이 기묘하다. 그 사이로 아름다운 일몰을 화각에 담아 보고 싶은 생각이 든다.

오후 5시쯤 노인 선주에게 작은 배를 빌려 타고 무인도로 나가기로 했다. 갑판에서 일몰을 촬영해 본 적이 있는가? 지고 있는 태양, 바다, 카메라와 한 몸이 되어 호흡을 가다듬고 셔터를 눌러 본 사람이라면 경건해지는 기분을 알 것이다. 선착장에 80세쯤 돼 보이는 노수부가 이미 배에서 기다리고 있었다. 배에 오르자 노수부가 소주 한 잔을 건네준다. 일몰을 기다리는 동안 노인은 나에게 이런 저런 세상사를 이야기를 한다. 그러는 사이 석양이 수평선으로 내려앉고 있어서 배를 서둘러 바위섬으로 나가자고 해서 칠거도로 접근해 간다.

용이 드러누운 형상을 하고 있는 칠거도를 한 바퀴 돌면서 외형을 먼저 탐미해 보는데 형상이 예사롭지 않은 풍광이다. 오랜 세월 해식과 해파로 인해서 분리되고 파이면서 작은 아기섬들로 나뉘어져 있다. 노을이 점점 빨갛게 물들고 있고 무인도 사이 절벽 위에 해송을 배경으로 잡아서 화각에 넣어 셔터를 연신 누른다. 붉게 물든 노을 색조와 빨간 석양이 너무 아름다운 순간이다. 너울 파도가 울렁이는데도 욕심이 나서 작은 배를 조금 움직여 달라고 하면서 몸의 중심을 잡으려고 안간힘을 다해 본다. 그 순간 암반 절벽 사이 공간에 피사체를 넣고 연신 촬영을 한다. 정신없이 온 힘을 다 쓰고 선상 작업을 하고 나니 맥이 빠진 듯하다. 하지만 오늘 노대도에서 찍은 여러 컷의 사진을 생각하면 피로감을 느낄 새 없이 마냥 기분이 좋아진다.

해가 수평선을 완전히 넘어가자 서둘러 뱃머리를 선착장으로 되돌아간다. 할아버지 댁에서 저녁을 먹기로 했다. 할아버지는 잡아 놓은 생선으로 회를 뜨고 할머니가 밭에서 따 온 두릅나물, 해초들로 맛난 반찬을 만들어 주셔서 꿀맛 같은 저녁밥을 얻어먹었다. 낙도의 후덕한 시골 인심에 고맙다는 인사를 드리고 나서 노수부에게 내일 새벽에 배를 타고 나가 일출을 찍고 싶다고 했더니 흔쾌히 허락해 주신다. 그러고는 언덕을 내려오면서 인적이 없는 밤바다를 보는데 호젓하고 평온함이 느껴진다. 조용한 밤바다, 작은 섬들, 총총한 수많은 별들을 보며 숙소로 가는 걸음이 너무 가볍다.

새벽 6시에 장비를 챙겨서 선착장으로 나가니 작은 보트에 노수부가 기다리고 계신다. 배를 타고 칠흑같이 어두운 파도를 가르고 동쪽 매물도로 향한다. 30분 정도 먼바다로 나가서 노대도와 우도 사이 바위섬들이 몰려 있는 곳으로 이동한다. 동녘 수평선을 바라보니 약간 불그스레한 여명이 보이기 시작한다. 아직은 한참 더 있어야 해가 올라올 것 같아서 바위섬 사이로 일출을 잡으려고 배를 이리저리 휘젓고 화각을 잡아 본다. 해가 떠오르는 방향을 잘 잡아야 멋진 섬의 일출을 화각에 담을 수 있기 때문이다.

해가 떠오르는 지점을 미리 잘 예측하려면 여명의 붉은 정도를 잘보고 그 방향으로 배를 이동시키는 작업을 몇 번이고 한다. 이윽고 해가 떠오를 수평선 지점에서 확연히 더 빨갛게 타오른다. 해의 붉은 끄트머리가 조금 올라온다. 파도에 흔들거리는 배 위에서 잽싸게 화각에 집어넣어서 셔터를 쉴 새 없이 누른다. 다시 배를 이동시켜 섬 다른 방향으로 가서 해를 화각에 넣기 위해 좁은 배의 공간과 씨름한다. 한 시간이 지났을까, 해는 많이 올라와서 햇살이 갈라지고 해수면에 은빛 물결이 친다. 더 이상 촬영 작업은 의미가 없어 보여 노수부에게 선착장으로 귀항하자고 한다. 배가 항으로 돌아오는 바닷길에 작은 무인도들이 스쳐 지나가는데 바위 끝에 몇 그루의 해송이 범상치 않아 화각에 담아 본다. 오늘 날씨는 촬영하기에 좋은 날이고 작업한 내용도 마음에 드는 컷들이 제법 있어 마음이 든든하다. 칠흑같이 어두운 새벽녘에 바다를 나가서 일출을 제대로 보지 못하고 파도와 씨름하면서 고생을 하고 나면 때론 실망스럽기도 하다. 그렇지만 어제오늘은 통영에서 접근이 쉽지 않은 상노대도와 산등항에서 섬 자연의 야생에 대한 이미지 헌터를 하고 탐미한 작업은 의미가 있다. 앞으로 힘든 섬 투어를 해 나가야 하는데 바람직한 경험이 됐고, 자신감을 가지게 돼서 흐뭇해하며 뱃길을 돌아온다.

신비한 역사의 연화도

　연화도는 통영시 욕지면에 속한 섬이다. 한려수도 청정해역에 위치한 섬으로 해안선이 2.5㎞이고, 150여 명의 섬 주민이 살고 있다. 연화도는 통영시의 43개 섬 중에 제일 먼저 사람이 살았다고 한다. 이유는 배를 안전하게 정박할 수 있는 곳이고, 식수가 풍부한 덕분이라고 한다. 모든 섬이 다 물이 풍부한 것은 아니다. 사람이든 식물이든 동물이든 물이 중요하다.

　연화도는 계절마다 풍경이 달라서 세 번째 가는 길이다. 11시에 출발한 정기선은 100여 명의 승객을 태우고 통영항을 빠져나와 한려수도의 파도를 가르면서 50분을 쉬지 않고 달려 연화도에 도착한다. 섬에 내리자 사람들이 북적대고 점심을 해결하려는 방문객들이 삼삼오오 떼를 지어 서너 군데 식당 앞을 서성거리고 있다. 본촌마을 입구로 들어서자 상점 아주머니가 나와서 인사를 건네며 점심을 먹고 가라고 반겨 준다. 갈 길이 바쁘지만 코스 중간에는 식당이 없어서 백반을 주문하고 기다린다. 주인장은 음식을 준비하면서 섬마을 이야깃거리를 두서없이 해 댄다. 이야기 거리를 들어 주다 밥이 나와서 서둘러 요기를 끝내고 길을 나선다. 마을길에는 벽화거리가 예쁘게 단장되어서 섬마을의 정취를 느끼게 해 준다. 가옥들을 다 지나칠 때쯤 마을에 아담한 분교가 보이는데 운동장과 교목들이 옛 추억을 소환해 주니 어린 개구쟁이 시절을 떠올려 보며 슬며시 웃음 지어 본다.

　마을을 지나 오르막을 오르다 보면 섬에서는 볼 수 없을 정도의 웅장한 500년 불도의 숨결을 느낄 수 있는 연화사가 보인다. 사찰 가까이 좁은 산길에 도톰한 동백과 홍매화가 기품 있는 자태를 뽐내며 오가는 사람들을 반겨 주고 있다. 연화사로 들어서자 스님들이 기거하는 암자와 부처님을 모신 대웅전이 나를 맞이한다. 하지만 낮 시간이라 그런지 절 안은 인적을 찾아 볼 수 없다. 경내를 둘러보니 규모도 크고 꽃나무들로 아름답게 단장되어 있고 유서 깊은 사찰의 기운이 느껴진다.

다시 오르막 중턱쯤 오르면 산길 좌우로 수국길이 있는데 6월에 만개하면 정말 압권이다. 오르막길의 끝까지는 꽃 속에 파묻혀 걸을 수 있어 제대로 눈 호강을 할 수 있다. 오르막 언덕을 넘어서 보덕암 방향으로 내려가면 남쪽 바다를 한눈에 볼 수 있는 절경이 보인다. 탄성이 절로 나오는 짙푸른 바다와 그림 같은 해안 절경들이 섬의 매력에 빠져들게 한다. 이곳은 남쪽 햇살을 받아서 계절마다 매화, 진달래, 동백, 유채꽃, 수국, 야생 들국화들이 아름답게 피어 있으며 바람 비린내가 나를 감싸 주고 고요하고 평온함이 스며들어 자연명에 빠지게 해 준다.

　언덕에서 동쪽으로 바라보면 천혜의 아름다운 해안선이 보인다. 기암절벽 끝에 '네 바위와 용머리'라는 바위섬의 신비한 비경은 수천 년 동안 해식애와 풍파를 견뎌 낸 모습이라 저절로 고개가 숙여진다. 살아 있는 태곳적 풍광은 대자연이 빚어낸 순수 걸작품이라 감명이 깊다. 그래서 내 안의 존재를 느끼고 마치 과거 미지의 세계에 머물고 있는 듯한 느낌으로 빠져든다. 연화도 용머리로 가는 능선 길로 해안 절벽 길을 천천히 걸어간다. 걷다 보니 연화도의 명물 출렁다리(44m)를 건너서 용머리 전망대가 보인다. 한려수도 동쪽 해안 절벽 능선 길에서 파란 바다 위에 수놓고 있는 아름다운 섬들을 조망할 수 있다. 이곳은 한적하고 자연명을 때리기 좋은 쉼터라서 명상에 잠겨 보니 아예 섬에서 머물고 싶은 생각이 든다. 출렁다리 아래쪽에 보이는 작은 동두마을은 한 폭의 그림 같다. 마을로 내려가 보니 고즈넉한 낙도의 멋과 한적함을 동시에 느낄 수 있는 휴양지 같은 마을이다.

아침 일출맞이를 하려고 숙소를 잡아 두고 동쪽 암릉을 올라가 보았다. 남쪽 해안 언덕에는 오랜 세월의 월파로 인하여 수목이 자라지 못하고 초지만 형성된 민둥산이 보인다. 동쪽 해안 절벽에는 동백나무들이 빼곡해서 접근할 수조차 없고 암벽으로 이루어져 있다. 절벽 끝에는 해풍을 맞고 있는 해송들이 몇몇 보이는데 몸을 흔들자 소나무향 알갱이들이 바람에 몸을 띄운다. 소나무향은 어떤 향수보다 은은하고 향기롭다. 눈을 감고 냄새를 맡고 있노라면 신선이 된 기분이다. 산을 내려와 민박집 아주머니에게 저녁밥을 부탁했더니 바다에서 잡은 생선구이, 산나물, 해초나물, 생선찌개 한 상 가득 차려 와서 맛있는 식사를 내어 주어 포식한다. 사진기와 장비를 챙겨 놓고선 피곤한 데다 새벽 출사 때문에 이내 잠들고 만다.

 다음 날 칠흑 같은 어두운 새벽에 작은 배를 타고 나가니 새벽 바다의 세찬 뱃바람은 뼛속까지 헤집고 든다. 맑은 하늘이지만 수평선 근처엔 해무가 자주 나타나기 때문에 머릿속에는 선명한 아름다운 일출을 마주하게 될지가 항상 걱정스럽고 기대된다. 오늘 파도가 조금 센 편이라 걱정인데 흔들거리는 배 위에서 카메라 촬영은 쉽지 않기 때문이다.
 어항을 빠져나가 제법 먼 바다로 나가니 동쪽 수평선 하늘이 잿빛으로 물들기 시작한다. 매물도가 보이는 지점으로 달려온 배를 바위섬과 해를 화각에 넣을 수 있는 곳으로 몰아 달라고 한다. 작은 배 위에서 떠오르는 일출과 섬을 조화롭게 화각에 넣어야 하기에 배를 좌우로 조금씩 이동시켜야 한다. 사진기를 들고 포즈를 잡으려 하면 파도가 계속 울렁거리니 지탱하기도 쉽지 않다. 안간힘을 쓰고 지탱하면서 수백 번의 셔터를 눌러 댄다. 배를 타고 나간 지 한 시간 동안 파도에 울렁거리는 배 위에서 혼을 빼놓을 듯 한순간에 집중을 하며 작업에 몰입한다. 오로지 멋진 일출만 찍겠다는 일념으로 집착을 하다 보니 시간 가는 줄 모르는 사이 해가 완전히 솟구쳐 있다. 선장도 지친 듯해서 사진기를 정리하고선 배를 내달려 선착장으로 들어간다. 감사하다 인사말과 함께

선장에게 뱃삯을 쥐어 주고선 뿌듯한 마음이 든다.

　민박집 아주머니가 차려 주시는 아침을 먹고 배낭을 메고 길을 나선다. 어제 가 보지 못한 서쪽 연화봉을 오르고 오늘은 부산으로 가야 하기에 배편을 서둘러 타야 한다. 남쪽 바다를 끼고 봉우리를 오르는데 풍광이 너무 아름답다. 능선을 오르다 보니 과거에 만들어진 토굴이 보여서 들어가 보니 신비한 기운이 느껴진다. 사명대사께서 수행을 하러 찾았던 곳이란다.
　연화봉에는 아미타대불이 서 있다. 정상에서 둘러보니 동쪽으로 한산도와 비진도, 서쪽으로 욕지도가 남쪽으로 매물도가 손에 잡힌다. 한려수도의 전망대 운상각에 앉아서 마음속에 담아 두고 있는 무거운 근심 걱정들을 잠시 내려놓을 수 있는 곳이다. 정상에 있는 시비가 발길을 멈추게 한다.

"바다에 뜬 연꽃에서 봄을 낚아 모든 이들의 마음에 봄과 같이
항상 따뜻이 살아가소서."

어제와 오늘 연화도에서 받은 아름다운 봄의 기운과 감동을 주변 많은 사람들에게 따뜻하게 전하며 살아가야겠다고 마음에 새겨 본다.

II부 / 여름

환상의 섬 소매물도

　소매물도는 면적 0.51㎢, 해안선 길이 3.8㎞이며, 최고점은 망태봉으로 해발 152m 이다. 인구는 15가구 34명이다. 이곳은 평지가 거의 없고, 오르막 내리막으로 되어 있는 산지이다. 동백나무, 후박나무, 보리밥나무 등 60여 종의 자생식물이 울창하게 군락을 이루며 자라고 있다. 오랜 세월 침식작용으로 인해 만들어진 해식애와 해식동굴이 매우 아름다운 형상을 하고 있는 곳들이 있다. 소매물도로 가기 위해서는 거제시 남부면 저구항에서 도선으로 약 50분 정도 걸린다. 출항 횟

수는 하루 서너 번이다. 방문하는 사람이 많은 큰 섬이 되어야 여객선을 띄우지만 작은 섬들은 고깃배와 같은 도선이다. 그러나 섬을 자주 찾는 나에게든 여객선보다 도선으로 여행하는 것이 훨씬 낭만적이다. 도선으로 여행을 하면 우선 내가 좋아하는 비릿한 갯내를 직접 맡을 수 있고 파도를 받아 가는 흔들림도 몸으로 느낄 수 있다. 이번에 세 번째로 소매물도에 가기 위해 배를 탄다.

소매물도항으로 배가 들어가면서 선착장 왼쪽 해안의 기암을 보니 일품이다. 바위 절벽과 초지가 어우러진 섬 비탈면 정면에 작은 집들이 옹기종기 모여 있는 전형적인 어촌 풍경이 보인다. 배가 포구로 들어가 내리니 작은 섬인 데 비해 제법 많은 사람들이 북적인다. 이는 한려수도에서 소매물도가 인기가 많아서일 것이다. 소매물도항에서 시작한 둘레길은 동쪽 대매물도 방향을 돌아 봉우리 정상으로 이어져 있고 등대섬까지 트레킹할 수 있다. 일상에서 벗어나 느긋하게 발걸음을 옮기면 약 2시간 30분 정도 걸린다. 비즈니스로 만나야 할 사람도 없고, 급하게 처리해야 할 일도 없다. 온전히 나의 삶을 되돌아보는 조용하고 한적한 길이다. 섬에서 탐미를 하면서 걸으면 머리가 하얗게 되고 더 이상 맑아질 수가 없다.

선착장에서 마을 골목길을 지나면 삼거리가 나오는데 동쪽 조망대 방향으로 오르기 시작한다. 이 코스가 섬 전체를 볼 수 있기 때문에 선택했다. 산길 주변에는 수크령이 군락을 이루고 있고 동백나무, 돈나무가 보이며 20분쯤 가면 세물치라는 조망대가 있다. 그곳은 짙푸른 바다를 배경으로 대매물도의 아름다운 풍경을 한눈에 볼 수 있다. 여기서부터는 본격적인 오르막길이 시작된다. 오르막을 20분 올라서면 남쪽 바다를 볼 수 있는 조망대가 나타나는데 망망한 한려수도 한바다를 보면서 한숨 쉬어 가며 섬 투어에 대한 재미를 느껴 본다. 여기까지 오는 과정이 힘들었지만 이런 풍광을 맞닥뜨리면 힘이 솟는데 이는 자연의 기를 온몸에 담을 수 있기 때문인 듯싶다.

오르막 산길을 좀 더 오르면 봉우리가 보이는데 원형 건축물에 돔형 지붕을 한 매물도 관세역사관이 보인다. 대마도와 가까워서 과거에 이쪽 바다에 밀수가 흥행했을 때 이곳에서 감시를 했다고 한다. 둘레길 고개를 내려가기 시작하면 해안 쪽으로 암반 절벽바위가 고래 등처럼 튀어나와 있다. 마을 사람들뿐만 아니라 이 섬을 찾는 사람들은 그 바위를 '고래 등'이라 부른다. 여기서부터 경사진 초지 절벽과 바다를 끼고 걷는데 이 섬을 방문하는 모든 사람들에게 눈을 호강시켜 주기 시작한다. 10분쯤 남쪽 둘레길로 접어들면 한 폭의 그림 같은 등대섬 봉우리와 바위섬 언덕에 입이 다물어지지 않는다.

등대섬에서 본섬로 연결되는 열목개는 몽글몽글한 바위가 바닷물에 살짝 잠겨 있다.

물이 빠지는 간조 때면 신발을 벗고 바지를 걷어 올린 채 그곳을 건널 수 있다. 열목개를 건너고 등대섬 정상으로 올라가는 둘레길은 사방이 탁 트여 있어 주변의 절경과 야생의 식생들이 잘 어울려 살고 있는 모습을 볼 수 있다. 계단 옆에는 청미래덩굴과 초지 식생들이 태고의 자연미를 선사해 준다. 등대섬은 해안 절벽을 따라 생긴 수평 수직 절리가 기하학적 암석 경관을 이루는데 영겁의 세월 동안 깎이고 깎이면서 풍파를 이겨 낸 그 모습이 감탄을 자아내게 한다.

등대에 올라가서 절벽 아래쪽을 바라보면 용바위, 남매바위, 암수바위, 촛대바위라고 이름 지어진 기암괴석들이 빼곡하게 보이는 이곳은 통영 8경중에 하나로 꼽힌다. 절벽 암반 사이에는 풍란과 같은 식물들이 초록색, 주황색, 회색 등 다양한 색을 띠면서 해풍을 맞으며 위태롭게 함께 살아가고 있다. 이 아름다운 풍광을 보고 있노라면 머릿속에 떠돌던 상념들이 파편이 되어 사라지고 만다. 자연명을 때리면서 가만히 생각에 잠겨 보니 지나온 섬 투어에서 힘든 시간들을 극복할 수 있었던 건 이해해 주고 동행해 준 사람들이 있어 큰 힘이 된 덕분이었다. 섬 투어를 할수록 힘이 생기는 것은 무엇보다 아름다운 자연의 섬들을 볼 때마다 많은 에너지를 받고 가기 때문이라는 생각이 든다. 조금 힘든 여정이지만 이곳에서 고해와 같은 현실을 넉넉히 건너갈 수 있는 여유와 인내를 배우고 갈 수 있기에 감사한 마음이다.

해품길이 있는 매물도

저구항에서 출발하여 장사도, 대덕대도, 가왕도, 비진도 등 한려수도의 섬들이 나를 유혹한다. 대매물도를 지나고 어유도를 지나니 당금 선착장에 도착한다. 대매물도는 통영시 한산면 매죽리에 속한 소매물도와 등대도를 포함해 세 섬을 통틀어 매물도라고 한다. 섬사람들은 대매물도를 부르기 편하게 대를 탈락시키고 매물도라 부른다. 매물도는 통영에서 직선거리로 약 27㎞ 떨어져 있다. 매물도에서 가장 높은 산은 장군봉(210m)이다. 그 봉우리를 지나 해품길로 접어들면 시야가 탁 트여 답답한 도시 생활로 움츠렸던 마음이 탁 트인 길처럼 시원해진다.

장군봉에서 내려가 보이는 'ㄴ' 자형 방파제는 대매물도 사람들을 듬직하게 지켜준다. 테트라포드가 감싸안은 방파제는 어떤 파도에도 끄떡하지 않으려고 온몸을 서로 맞대고 있다. 방파제 끝에 빨간 등대와 흰 등대가 마주 보고 있다. 방파제 밖에 있
는 빨간색 등대는 배들이 항구로 들어올 때 오른쪽에 장애물이 있으니 왼쪽으로 다니라고 몸짓으로 이야기한다. 방파제 안쪽에 있는 하얀색 등대는 오른쪽으로 들어오라고 흰색으로 몸짓을 한다.

당금선착장에서 마을 뒤 남쪽 방향으로 10분쯤 오르면 폐교가 있던 곳에 야영장이 설치되어 있다. 이곳에는 사계절 내내 야영객들이 찾아온다. 어느 섬에서든 별 보기가 좋겠지만 특히 매물도를 찾는 사람들은 육지에서 보는 별보다 더 맑고 더 큰 별을 보고 싶어 찾기도 한다. 이곳에다 그들만의 별 보기 아지트를 만들어 놓은 거다. 장군봉을 오르는 코스로는 마을 길보다는 남쪽 해안 능선을 타고 오르는 것이 경치가 멋지다. 이곳에는 해풍에 잘 견디는 수종들이 서식하는데 특히 동백나무가 숲을 빼곡히 이루고 있어 바람막이를 해 주고 있다.

해안에 가까운 비탈 산길에는 거센 해파 때문에 넝쿨식물들이 파릇파릇 초지를 이루고 있어 산을 오르기 좋다. 숨이 차서 잠시 쉬어 가야지 하고 무심히 되돌아보면 눈앞에 펼쳐진 아름다운 풍광  에 힘든 줄 모른다. 바다에 푸른 유약을 입히고 올망졸망하게 가왕도, 대병대도 등 거제 섬들을 오밀조밀하게 빚어 놓은 것 같다. 숨이 턱 차오를 때쯤 깔딱고개를 올라서면 쉴 곳이 나온다. 이곳도 한바다 쪽으로 풍광이 탁 트인 데다 기암괴석으로 깎아지른 절벽이 멋지다. 이런 경치를 보고 있노라면 도예가의 솜씨로도 빚을 수 없는 천혜의 아름다움에 저절로 숙연해지고 마음이 호연해진다.

　장군봉으로 오르기 위해 내리막을 타다가 오르막을 20여 분 올라서면 정상이 보이고 남서쪽으로 소매물도가 펼쳐져 보인다. 섬의 형상은 섬 밖에서 보아야 볼 수 있고 아름다운 자태를 느낄 수 있다. 소매물도는 매물도에서 보면 마치 거북이 한 마리가 한바다에서 기어가는 듯한 형상을 하고 있다. 그 모습 중에 남쪽에 있는 등대도의 기암 절경은 오랜 세월 해식애로 빚어진 조각 예술품이라 해도 과언이 아닐까 싶다. 망망한 바다에 펼쳐진 공간에 숨겨진 천혜의 아름다운 야생이라 통영 8경에 꼽힐 정도이다.

　섬의 해품길을 둘러보고 산을 내려올 때 이미 해가 서쪽으로 기울기 시작하더니 벌써 봉우리들 사이로 아름다운 석양이 붉게 넘어가는 순간을 화각에 담아 본다. 좋은 날씨에 아름다운 한려수도의 섬들 사이로 일몰을 잡을 수 있고 이런 공간과 시간을 멈

추게 하는 포토를 할 수 있어 무한 감사하다. 어렵고 힘든 여정이지만 이런 자연 명소를 탐미할 때 늘 새로운 에너지와 감성을 받고 가는 느낌이다. 오늘도 운 좋은 날이다.

바다의 비로봉 좌사리도

통영시 욕지면 동항리에 있는 좌사리도는 특정도서로 지정된 곳이다. 통영에서 약 15㎞ 거리에 있고 배를 타고 약 2시간 정도 항해해야 도달할 수 있다. 섬 주변은 내장덕도, 볼개도, 소벼락도, 대벼락도, 등대도 등 6개의 바위섬으로 이루어져 있다. 지질은 안산암질 화산암으로 해식애가 발달해 있으며 자연경관이 우수하고 괭이갈매기가 서식한다. 수생무척추동물, 거북손 등 해조류들이 풍부하게 있고 식생은 돈나무, 사철나무 등이 서식한다. 무인도 바위섬이라서 낚시꾼들만 찾는 곳으로 잘 알려져 있지 않다.

6월 여름의 문턱인데 하늘이 새파랗고 구름이 살포시 끼어 촬영하기 좋은 날씨라 카메라 장비를 챙겨서 통영 삼덕항으로 출발한다. 통영에서 가장 먼 바다 깊은 곳에 있어서 파도가 제법 높으면 배가 운행할 수도 없고 정기선이 없어서 욕지도에 가서 작은 배를 대절해서 가야 한다. 삼덕항에 도착해서 먼저 욕지도로 가는 배편을 서둘러 탄다.

배가 포구를 빠져나가자 가까운 거리에도 멀리에도 겹겹이 한려수도의 아름다운 섬들이 늘어서 있어 눈 호강을 한다. 배후미에는 갈매기들이 신이 나서 배를 따라붙고 힘차게 날갯짓을 하며 춤을 춘다. 한려수도 배편을 타고 수십 번 오고 갔지만 늘 새롭다. 하늘의 색, 바닷물 색, 계절마다 달리하는 섬의 색채, 바닷바람, 파도 물결, 윤슬 등 올 때마다 다르고 흥미로워서 늘 가슴이 뛴다.

갑판 위에서 섬들을 구경하는 사이 벌써 욕지항으로 배가 들어선다. 배에서 하선하고서는 먼바다에 있는 무인도를 가야 하기 때문에 배를 대절하기 위해서 먼저 배편 선주에게 찾아가 시간 약속을 해 둔다. 그러고는 시장기가 도는 점심때가 되어 김선장집으로 서둘러 찾아 들어간다. 섬에서 잡은 생선회와 구이를 시키니 맛깔스런 반찬으로 밥상을 내어 주어 맛나게 먹었다. 다시 배를 빌려 타기로 한 선장을 찾아가서 카메라 장비를 싣고 통통선을 타고 바다로 나간다.

욕지항을 빠져나가 약 1시간을 항해해야 좌사리도에 이른다. 날씨는 좋은데 파도가 제법 울렁인다. 소형 배이기 때문에 고속으로 항해를 하면 물결이 갑판으로 튀어 올라서 잘못하면 파도에 휩쓸릴 수도 있어 위험하다. 선체에 난간을 꽉 잡고 바다에 섬 풍경을 쳐다보는데 초도가 스쳐 지나간다. 작년에 그곳을 갔는데 한 가구만 거주하는 섬이라 정기선이 없었다. 노인네 두 부부가 살다가 할아버지가 돌아가시고 노모만 살고 계시는 섬이었다. 섬 생활을 떠날 수 없다는 모친 때문에 아들이 귀향해서 돌보며 농사와 염소 사육을 한다고 했는데 지금 어떻게 지내는지 궁금하다.

파도가 제법 거치지만 노련한 선장님이 물살을 가르며 빠른 속력으로 달린다. 20분쯤 한바다로 나가서 강한 파도와 해식으로 변모한 기암이 특이한 녹운도에 잠깐 배를 붙이고 화각에 담는 작업을 해 본다. 바위섬을 자세히 촬영하려고 사방에서 바라보니 각각의 모양이 매우 다르다. 오랜 세월 거센 해파가 치면서 깎이고 파여서 자연의 순리대로 변화된 모습이다. 그 모양은 마치 대단한 예술가가 조각을 한 것보다 더 생동감 있고 아름다울 수가 없다.

　다시 배를 타고 30분쯤 달려가니 깊은 바다에 바위섬이 마치 대왕암처럼 둥근 모양으로 우뚝 솟아 있다. 그곳에 움푹 파인 암반 평지에 낚시꾼들이 앉아서 대어를 낚으려 초리질을 계속하고 있다. 두 개에 바위섬의 암질이 확연히 다르다. 하나는 떡두꺼비 같은 형상으로 검푸르고 둥근 모양이며 다른 하나는 조각을 해 놓은 듯한 회백색으로 각이 진 모습이다. 망망한 바다에서 큰 파도가 몰려오면 바위섬은 순식간에 물에 잠겨 사라질 것 같지만 거친 바다의 위세에 의연하리만치 당당하다.

　파란 하늘에 흰 구름이 기류에 따라 조금씩 움직이고 바닷물은 짙푸르다. 배를 몰고 좌사리도 본섬 가까이 가는데 크고 작은 바위섬들이 각각 다른 형상을 하고 나타나기 시작한다. 모두가 무인도인데 그중 제법 큰 섬의 위쪽 부분에는 초록의 식생들이 거친 바다에서 빼곡하게 서식하고 있다. 망망한 깊은 바다에 이색적인 신록의 숲으로 다가온다. 늘어선 바위섬들은 억겁의 세월동안 해파에 깎이고 패여서 금강산 비로봉처럼 억겁의 세월 동안 해파에 맞서서 깎이고 사라져서 금강산 비로봉처럼 뾰족한 볼개도의 작은 봉우리는 한마디로 예술이다. 한 덩어리이던 바위섬이 해파와 해식으로 분리되고 작은 바위섬이 되며 일부는 물속으로 사라진다. 바위섬은 마치 생물과 같고 인간처럼 자연의 순리 속에서 존재하는 것 같다.

　조류를 등지고 있는 섬들의 서쪽으로 배를 몰고 가서 작은 바위섬에 배를 들이대고 갯바위에 내려가 본다. 워낙 수심이 깊은 먼바다에 있는 섬들이고 해파에 바위섬 아래쪽 부분이 가파르게 깎여 있어서 올라갈 수가 없다. 배 위에서 보는 바위 모습과는 달리 기묘하게 조각된 갯바위는 천차만별한 모양새다. 무리를 이룬 바위섬들 중에 가장 용머리처럼 앞쪽에 있는 바위섬에는 하얀 등대가 보인다. 이곳은 바위섬들이 모여 있고 수면 위로는 보이지 않는 여(礖)가 많이 있기 때문에 밤바다를 비추어 길잡이가 되어 준다. 인적이 없는 외로운 먼바다에 서 있는 모습에 등대지기 노래가 생각나고 미지의 등대를 직접 목격하니 아무도 없는 이곳에서 노래를 불러 본다.

　좋은 해상 날씨라야 통영항에서 약 2시간 항해해야 도착할 수 있는 이곳 좌사리도 볼개도는 와 볼 수 있는 기회가 쉽지 않고 정말 어려운 일이다. 깊고 짙푸른 바다와 파란 하늘과 하얀 흰 구름을 배경으로 신록이 조화로운 섬들의 향연을 지금 살아서 보고 있다. 바위섬 벼랑을 자세히 살펴보니 작은 꽃나무들이 바위에서 자생하고 있다. 강한 해풍, 거센 파도, 척박한 바위틈에서 생기 있게 살아남은 식생은 산과 들에서 보는 것과는 사뭇 다른 느낌이다. 망망하고 거센 파도 물결 한가운데 야생에서 보는 초지는 탄생과 위로의 선물이라고 여겨진다. 그리고 이런 맑은 날씨에 천혜의 비경을 바다 위에서 배를 타고 볼 수 있는 좋은 날씨를 허락해 준 대자연에 무한 감사를 느낀다. 변화무쌍한 해상에서 이런 좋은 날씨에 천혜의 풍광을 보려면 3대가 덕을 많이 쌓아야 된다는 말이 있는데 왠지 선조들께 감사한 마음도 든다. 내일이 종말할 것처럼 하루를 불태우고 살아야 된다는 말처럼 치열하게 탐미한 여정을 하고 나니 굉장히 뿌듯한 마음이 든다.

그래서 오늘 본 아름다운 잔상은 한동안 오래갈 듯하다. 이런 멋진 섬들이 많이 있다는 사실을 알리고 싶은 마음이 더 강하게 든다. 오늘 투어에서 화각에 담은 사진들을 많은 사람들에게 감동의 물결을 전할 수 있기를 굳게 마음을 먹어 본다.

새들의 낙원 학림도

통영시 산양읍에 있는 학림도는 다섯 개의 섬들로 이루어져 있으며 북동에서 남서 방향으로 활이 휜 지형이다. 학림도(鶴林島)는 면적 0.722㎢, 해안선 길이 7.5㎞로, 인구는 약 50가구 120여 명이다. 산양면의 달아항에서 2.7㎞ 떨어져 있으며, 날고 있는 학을 닮았다 하여 학림도라 한다. 학림도는 송도와 저도 함께 근접해 있다. 남쪽 해안은 암반으로 벽을 치고 있는 형상이고 북쪽은 모래와 자갈 지층으로 이루어져 거센 파도와 바람을 막아 주기에 살기 좋은 섬이다.

둘러볼 만한 곳으로 해송숲공원, 대문강정, 바지락 체험장, 300년 된 후박나무가 있다. 남쪽 해안은 데크가 잘 조성되어 있어 트레킹 코스로 좋다. 해안 데크를 걷다 보면 기암절벽을 볼 수 있고, 조금 더 가다 보면 연대도, 오곡도, 버진도 등 아기자기한 섬들을 볼 수 있다. 섬에서 자생하는 나무와 식물은 해송군락, 대나무 숲, 후박나무, 칡나무,

유카, 동백나무, 돈나무, 팔손이나무, 팽나무, 모밀잣밤나무가 숲을 이루고 있다. 특히 7월에는 칡꽃이 만발하며 야생화들과 어울려 섬을 찾은 관광객들의 기분을 들뜨게 한다. 그리고 사람의 발길이 닿지 않는 절벽이 많아 다양한 바닷새들이 서식을 하고 있어 새섬이라 부르기도 한다.

4월 완연한 봄날에 통영 산양면 달아항에서 배를 타고 10분쯤 나가니 먼저 작은 섬 송도와 저도가 보인다. 송도는 무인도라서 기항을 하지 않고 지나치고 저도를 먼저 살펴보고 학림도에 가려고 선착장에 내린다. 자그마한 섬인데 가옥들이 여러 채 보이고 언덕에 정원을 예쁘게 가꾸어 놓은 집도 보인다. 섬 주변 바다에는 양식장이 많이 놓여 있다. 뭍에서 가까워 생활하기도 편해 보여서 여기다 집을 하나 지었으면 하는 생각이 든다. 건너편 송도에는 해송들이 키가 커서 하늘을 찌를 듯 보이고 바닷새들이 소나무에 앉아 먹잇감을 찾느라 눈을 부라리고 있다. 산길을 유유자적하게 걸으며 파란 바다를 보고 잠깐 쉬면서 명상에 잠겨 본다. 아름다운 풍경만 보고 세상사 다 잊으니 머리가 맑아진다. 섬! 참 좋은 자연환경이구나! 하고 마음속으로 외쳐 본다. 그리고 다시 포구로 나가서 학림도로 간다.

배가 학림도에 작은 포구로 들어가니 마을회관이 보이고 가옥들이 제법 많아 보인다. 섬사람들은 많이 안 보이고 한적한 느낌이지만 구판장, 횟집, 양식장, 밭농사를 일구고 있었다. 생활하는 데는 불편함이 없는 살기 좋은 섬인 듯하다. 마을 골목마다 담장 울타리가 있다. 블록에 시멘트를 발라 만든 울타리는 거센 바람에 견디기 어렵다. 두껍게 세워진 돌담이라야 집을 보호할 수 있다. 가만히 생각해 보면 돌담이 마을의 숨구멍이라 할 수 있다. 바람을 온전히 받아 내지 못하면 울타리는 쓰러지지만 듬성듬성 숨구멍을 가지고 있는 돌담을 아무리 강풍이 불어도 눈썹하나 까딱하지 않는다. 돌담에 타고 자라는 담쟁이는 어떤가. 이런 풍경은 섬마을에서만 볼 수 있다.

학림도 동쪽 둘레길을 걸어가니 동백나무 숲이 보인다. 초봄이 지났는데도 만개한 동백꽃이 남아서 가끔씩 보인다. 요즘 기상이 변덕스러워 만개하는 시기를 달리하는 동백나무가 많다. 남쪽 해안으로 가 보니 온통 암벽인데 오랜 세월 해파를 막아 내면서 암반이 쪼개지고 갈라져서 물길이 생긴 곳들이 보인다. 그 암반 위에 해송이 살아남아서 기개를 보여 준다. 자연과 세월의 힘이 대단함을 가르쳐 준다. 의지를 갖고 꾸준하게 나아간다면 안 되는 일이 없을 거라는 자연의 진리를 배워 간다. 남쪽 해안 절벽 아래로 가서 보니 작은 식생들이 바위틈에서 자생하고 있다. 강한 해풍, 파도, 척박한 바위 야생에서 살아남아 있는 게 대견해 보인다. 절벽 아래에 널찍한 암반 평지가 있어 한숨 돌리며 한바다를 바라보니 연대도, 오곡도, 멀리 연화도가 아스라이 보인다. 파란 바다와 하늘 그리고 하얀 구름이 있는 배경에 한려수도 섬들을 보면 고요한 외침이 들리는 듯하고 상상력이 풍부해진다.

갯바위가 즐비하게 늘어져 있는 넓은 공간이 나오면 혹시 중생대 시대에 공룡이 뛰놀던 곳이었을까 하는 상상력을 발휘해 본다. 렌즈 안에 초식 공룡이 거대한 몸을 앞으로 내밀고 카메라 밖으로 나오려고 한다. 나는 급하게 카메라 렌즈를 닫는다. 일상에서 홀로 벗어나 야생에서 이런 공상 같은 생각을 해 보며 웃음 지어 본다. 학림도 둘레길을 돌아 나오면서 시간을 보니 벌써 배 시간이 다 되어 간다.

　아직 둘러보지 못한 구간이 있어서 아쉬움을 뒤로하고 다시 와야겠다는 마음으로 포구로 나간다. 배에 승선해서 학림도 포구를 빠져나가는데 갈매기들이 힘차게 날개를 저으며 따라붙는다. 사람이나 야생이던 간에 만남은 소중하다. 넓디넓은 우주공간에서 여기를 택해 와서 본 것은 의미 있는 인연이다. 섬 탐방을 하고 돌아가면 아름다운 공간과 순간들에 대한 기억들이 좀처럼 잊히지 않는다. 섬에 있는 자연들과의 교감으로 너무 감성적인 에너지를 받고 가기 때문인 것 같다.

까마귀의 섬 오곡도

오곡도는 면적 0.685㎢, 해안선 길이 3㎞에, 산 높이는 153m이다. 오곡도(烏谷島)는 통영 산양읍 척포마을과 마동마을에서 뱃길로 10여 분 거리에 있는 가까운 섬이지만 개발은 물론 정기선이 없을 만큼 오지 아닌 오지이다. 이 섬은 까마귀가 많이 서식하고 있어 까마귀 오(烏) 자를 사용했다는 이야기도 있고, 섬 모양이 하늘을 나는 까마귀를 닮았다 하여 오(烏) 자를 사용했다는 두 가지의 이야기가 전해 오고 있다. 오곡도에는 소수의 주민만이 기거하고 있다.

한려수도의 아름다운 비경을 담은 연대도와 비진도 사이에 고개를 내민 오곡도는 남쪽에서 몰려오는 물살과 파도를 바로 받는 길목에 있어서 섬 외곽이 가파른 지형으로

깎여 있다. 그래서 접안할 수 있는 방파제가 없다. 척박한 무인도 같은 섬이기에 미지의 자연생태가 궁금해서 기회 되면 찾고 싶은 곳이었다. 7월 여름날 산양면 적포에서 배를 대절해서 오곡도로 출항한다. 약 15분 후에 반반한 갯바위에 선장이 배를 바짝 들이대면 뛰어내린다. 갯바위에 내려서 주변을 살펴보니 인적이 드문 흔적들이 느껴진다. 언덕방향으로 오르는 오솔길을 따라가니 저만치 오래된 가옥이 두어 채 보인다. 가옥 근처로 다가가 보니 할머니 한 분이 부엌에서 더운 날씨에 혼자 일을 하고 있으시다. 다가가서 인사를 드리고 물으니 자식들은 섬을 떠난 지 오래되었다고 한다. 뭍으로 나가는 것보다 오래토록 살던 이곳이 편해서 홀로 기거를 한다며 "여기가 좋아요."라고 말씀하신다. 이웃 가옥에는 인기척도 없고 빈집인 듯하다. 할머니가 아프면 누가 돌봐 줄 사람이 아무도 없어 보여 걱정이 된다. 오래 머물 형편이 안 되기 때문에 인사를 드리고 다시 산길로 가 본다.

따가운 햇볕이 내리쬐고 습도가 높아서 땀이 나기 시작한다. 할머니가 가꾼 듯한 채소밭이 보이고 대나무 숲도 펼쳐져 있다. 섬 허리 오솔길을 걸으며 동쪽으로 보니 비진도가 드러누운 듯한데 선유봉에 구름이 걸려 모자를 쓴 듯 아름다운 자태를 보여 준다. 사진기를 꺼내서 얼른 화각에 넣어 본다. 때로는 이런 풍경을 카메라에 담으면 카메라도 무거워지고 마음도 무거워지는 듯하다. 의미를 부여하지 않을 때야 그저 바위고 물이고 갈매기이지만 셔터를 눌러 한 장의 사진 작품으로 다가올 때 무거움은 배가 된다.

능선을 따라가다가 남쪽 근처쯤 가니 시야가 확 트여 한바다를 바라볼 수 있다. 서남쪽으로 바라보면 무인도인 내부지도와 외부지도가 보이고 연대도의 높은 봉우리도 보인다. 평지에서 잠시 쉬면서 짙푸른 바다를 바라보며 명상에 잠기고 한려수도의 아름다움을 만끽하면서 바다멍을 때려 본다. 다시 길을 재촉하여 남쪽 오솔길을 내려가자 깔끔한 정원이 있는 가옥이 보인다. 문 앞으로 가 보니 수련원이라 적혀 있고 다른 세상인 듯 한적해 보인다.

　내리막길을 내려가 보니 인적이라고는 없는 조그만 자갈 해변이 나타난다. 한여름의 더운 날씨에 바닷물은 명경같이 맑고 아주 깊지 않아서 물속에 들어가고 싶은 생각이 들었다. 어린 시절 바다 수영을 많이 해 본 경험이 있고 배낭에 팬티를 가져온 게 있어서 웃통을 벗고 바닷속으로 들어간다. 아무도 없는 아름다운 무인도에서 헤엄을 치고 물놀이를 하니 지상 낙원이 따로 없다. 주변은 적막이 흐르고 파도 소리가 찰싹거리고 바람이 감미로워 내 마음의 옛 고향에 온 듯하여 너무 평온하다. 오지 섬을 탐미하면서 땀 흘리고 고생도 겪지만 순수한 자연의 진가를 누릴 수 있어 행복하다. 그리고 덤으로 어린 시절을 소환해서 즐겨 볼 수 있는 것 또한 재밌고 감사한 마음이다. 우리나라에 이런 묘취를 느낄 수 있는 아름다운 천혜의 야생 섬들이 많다는 사실을 모르고 살아왔다는 게 조금 후회스럽기까지 하다.

여수 꽃섬 하화도

하화도는 전남 여수시 화정면에 딸린 섬으로 면적 0.71㎢, 해안선 길이 6.4㎞, 인구는 서른 가구로 약 50명 정도이다. 여수에서 남쪽으로 21㎞가량 떨어져 있다. 하화도는 이름만 들어도 꽃의 섬이라는 것을 단박에 알아차릴 수 있다. 종류와 아름다움을 차치하고라도 얼마나 예쁜 이름인가. 섬에는 진달래, 찔레꽃, 유채, 구절초, 부추꽃, 원추리 등 온갖 꽃으로 가득하다. 비릿한 바다 향에 취하고 꽃향기에 취한다. 여수시 화정면에 있는 낭도에서 출발하면 배편으로 사도, 추도, 상화도를 차례로 거쳐서 약 30분 정도 소요되는 거리에 있다. 지난해 12월에 다녀갔지만 꽃을 볼 수 있는 5월에 다시 낭도항에서 배를 타고 출항한다. 배가 허허바다로 나가자 납작 엎드려 있는 무인도가 하늘

로부터 빛의 은총을 받고 있는 듯하다. 섬 주위는 은빛 물결과 윤슬이 서로 경쟁이라도 하는 것처럼 눈부시게 반짝이며 설렘을 준다.

낭도를 출발해서 중간 기항지인 사도앞 바다에 이른다. 사도의 기암절벽이 보이고 주상절리가 나를 맞이한다. 분리된 몇 개의 섬으로 서 있는 모양새를 보니 한 형제 같다는 생각이 든다. 오랜 세월 동안의 해식이 삼 형제들을 갈라 놓았을까. 서로 떨어져 있어도 주눅 들지 않고 때로는 정답게 때로는 당당하게 서로의 자리를 지켜 주고 있는 듯하다.

섬의 남쪽은 기암절벽이 병풍처럼 둘러쳐져 허허바다에서 불어오는 해풍을 막아 주느라 열일을 한다. 섬에서 농사를 짓고 식물을 키우는 일은 쉬운 일이 아니다. 농촌처럼 때가 되면 거름을 주고 잡초만 뽑아 주면 저절로 자라는 것이 아니다. 꽃이 피고 열매를 맺는 계절이 오면 약속이라도 한 듯 소금기를 한껏 실은 해풍이 열매를 맺어야 하는 어린 꽃들을 말려 죽인다. 섬에서 과일을 볼 수 없는 이유일 것이다. 하화도가 꽃이 많이 피는 것은 절벽 덕분이다.

집들이 옹기종기 모여 있는 곳은 남향이 아닌 북향이다. 평평한 곳에 집을 짓는 육지하고 다르게 섬에는 생활하기 편한 지형보다 생존을 위해 강한 바닷바람을 막아 주는 쪽이면 북쪽이라도 상관이 없었을 것이다. 하화도는 물이 풍부하여 식생이 잘되는 조건이다. 계절기마다 꽃 모양도 다르고 색깔도 다양한 꽃망울들이 여행객의 발길을 잡는다. 섬 전체에 둘레길은 가파른 오르막도 없고 예쁘게 꾸며져 있어 찾는 사람들이 이웃집 마실 가듯 느긋하게 걸을 수 있다.

나지막한 지붕들이 정겹게 삿갓을 눌러 쓰고 있다. 마을에서 둘레길을 따라 뒷산으로 올라가니 숨이 차오른다. 힘이 들지만 동산 같은 산으로 올라가면 탁 트이는 풍경을 볼 수 있다는 생각에 발걸음을 재촉한다. 산 정상으로 가는 길에 들꽃들이 여기저기에서 고개를 내밀고 있고 지나가는 계절을 붙들려고 하고 있다. 높지 않은 동산이지만 서쪽으로 상화도와 백야도가 보이고 동쪽으로 개도와 금오도도 보인다.

절벽 사이로 보이는 나라도는 태양의 섬 같아 눈이 부시다. 위태롭게 서 있는 한 그루의 해송, 비바람이 수없이 몰아쳐도 눈 하나 깜박하지 않은 거대한 바위들 이곳에서 묵언이라는 단어는 소용이 없다. 태양이 별처럼 빛나는 것을 본 사람이 몇이나 될까. 나는 축복받은 사람이다. 절제된 햇빛과 푸른 바다를 더욱 반짝이게 하는 윤슬이 제 소임을 다하려는 듯 유난히 반짝인다.

섬 서쪽으로 오르막 암릉을 올라서니 계곡이 보이고 은빛 구름다리가 하늘에 떠 있는 듯하여 연결되어 있다. 두렵다는 생각보다는 흔들흔들 아기의 요람처럼 어린 시절로 돌아가는 것 같은 재미를 느끼며 건

너간다. 구름다리는 폭이 좁아 두 사람이 동시에 걸어갈 수 없다. 이 다리에서 우리는 배려라는 단어를 새삼 떠올려 본다. 구름다리를 건너면 바위섬이 한 그루의 소나무로 만들어 놓은 분재처럼 보인다.

　막산전망대에서 서쪽 절벽을 바라보니 본섬이 자식을 떼어 놓은 듯 동떨어진 작은 바위섬이 가파르게 서 있는 장구도가 보인다. 영겁의 세월 동안 해파와 해식으로 떨어져 나간 아기섬이다. 자연과 세월이 조각을 빚어 놓은 걸작품처럼 아름다운 형상이다. 장구도 뒤쪽으로는 아름다운 병풍을 쳐 놓은 듯 고흥군 섬들이 누워 있다.

　하화도의 낭만스러운 꽃길을 걸으며 아름다운 풍광을 즐기다 보니 어느새 해안 마을 길이 나타났고 해안뚝길을 좀 걷다 보니 저만치 야생화 꽃단지가 보인다. 섬모초, 금계국, 나리꽃, 원추리 등 오색 빛깔의 꽃이 피어 있어 꽃향기에 흠뻑 빠져 본다. 이 섬이 왜 꽃섬인지가 머리에 떠오른다. 여기 꽃섬 길은 시골 고향집 찾아가는 오솔길의 느낌이라 약 3시간 남짓 걸었는데도 발걸음이 그리 무겁지 않다. 하화도에서 행복한 탐미를 하고 화각에 넣어 갈 수 있어서 힐링을 제대로 했구나 싶다. 하화도에서 아름다운 잔상이 제법 오래갈 것 같고 한 번씩 그리울 듯하다. 다른 계절에 다시 오고 싶어진다.

만지도와 연대도

면적 0.233㎢, 해안선 길이 2㎞의 '만지도(晩地島)'는 통영시에서 남서쪽으로 15㎞, 산양읍 달아항에서 3.8㎞ 떨어진 해상에 위치한 섬이다. 인구는 15가구 33명이다. 연대도와 연결되어 있는 섬이다.

8월 여름날 통영시 산양읍으로 간다. 한려해상국립공원으로 향하는 뱃길에는 비릿한 바다 향이 한 호흡에 담긴다. 통영의 섬은 사람의 애간장을 태우듯 사라지고 나타나기를 반복하면서 사람의 마음을 설레게 한다. 통영이 품은 이웃 섬, 만지도와 연대도는 출렁다리가 놓이면서 언제든 걸어서 왕래

할 수 있게 되었다. 섬과 섬 사이가 아무리 가까워도 배를 타야 서로의 손을 잡을 수 있다. 섬으로 가는 배편은 산양읍 남단의 달아항과 연명항에서 출발한다. 달아항에서 출발하는 배는 학림도, 저도 등 작은 섬들을 거쳐 연대도와 만지도에 도착한다. 연명항에서 만지도로 직항하는 유람선도 있다. 여행을 하려면 조금 속도는 느리고 답답하지만 직항보다는 때로 조금 둘러가는 것도 섬 여행이 주는 즐거움이다.

만지도 선착장에 내리면 오른쪽에 출렁다리를 건너 만지도 해안 탐방로로 향하는 길이고 왼쪽은 연대도 마을 길이다. 다른 섬보다 사람이 늦게 정착을 했다고 해서 붙은 이름이기도 하고, '사람의 마음을 어루만지는 섬'이라는 뜻도 있다고 한다. 만지도에는 태풍과 모진 비바람을 200년 동안 견디어 낸 해송, 해풍과 바닷물의 조류가 만들어 낸 사구해변, 모난 돌들이 서로의 몸을 비비고 갈아서 둥글게 만든 인내의 화신인 몽돌해변, 섬이라면 반드시 있어야 할 동백나무 숲, 한약재로 쓰기도 하는 후박나무 등이 서로 키 재기를 하면서 공생하고 있다.

　연도교는 2015년에 연결된 길이 약 백 미터에 못 미치는 출렁다리이다. 출렁다리에 올라서면 바다가 보이는 틈새로 푸른 물결과 파도 소리가 나를 감싼다. 만지도에서 출렁다리로 향하는 길은 깔끔하게 나무 데크로 만들어져 있다. 섬이면 돌담이면 참 좋았겠는데 왜 나무로 만들었을까? 해풍에 소금기가 묻어나면 어디 성한 게 있던가. 잠깐이면 녹이 슬고 썩기 쉬운데 하필이면 재료가 나무일까? 데크 따라 조그마한 모래 해변에 내려서 투명하고 맑은 푸른 바다에 잠시 발 담그고 살며시 눈을 감으면 내가 섬이 된 것 같은 착각에 빠진다. 일상에서의 탈출, 도시의 소음에서 차단된 나는 한 마리의 갈매기가 되고 해송이 되고 만지도가 된다. 북쪽으로 보이는 학림도와 한산도는 이순신 장군의 부하를 사랑하는 마음이 배어 있는 듯 서로 어깨를 나란히 세우고 있는 듯하다.

　남쪽 해안은 해식애(海蝕崖)가 발달해 울퉁불퉁한 암석들이 해안선을 이루고 있다. 해안 둘레길을 올라서면 갯바람이 감미롭게 불어와 온몸에 인사해 준다. 고개를 돌려 바다를 바라보니 한려해상에 천혜의 아름다운 섬들이 점점이 떠 있다. 비진도, 매물도, 추도, 내부지도, 수평선에 연화도, 욕지도가 그림처럼 보인다. 전망대에서 아름다운 풍광을 한 컷 화각에 넣고서 한숨 돌리며 자연명을 때려 본다. 지금 이 순간 이렇게 행복할 순 없다. 이런 천혜의 절경들을 앞에 두고 누릴 수 있다는 건 너무도 감사할 일이기 때문이다. 섬 투어는 배편이라는 시간 제약이 있어서 다시 길을 재촉해 본다. 서쪽 끝자락까지 가니 동백나무 숲 군락이 보이고 잎들이 생기에 차 있다. 오르막 절벽 길에 사람이 세워 놓은 것 같은 삼층탑이 기암절벽에 무슨 사연이 있는 듯이 망망대해를 바라보고 있다. 지아비가 바다에 나가 돌아오기를 기다린 망부석 같은 사연일까.

해안 절벽길을 다시 돌아서 연대도로 향했다. 연대도는 수군통제영이 있던 시절 섬 정상에 봉화를 올렸다고 해서 붙은 이름이다. 출렁다리가 끝나는 곳에 마을 쪽으로 가는 길과 산길로 이어지는 숲길이 있다.

마을 골목길 입구에 '별신장군' 비석이 보인다. 주민들의 안녕과 풍어를 기원하는 별신굿을 하는 곳이다. 연대도 지겟길은 옛 주민들이 지게를 지고 연대봉까지 올랐던 길이다. 총길이 2.3㎞로 한 시간쯤 걸린다. 동쪽에 둘레오솔길에는 나무들이 촘촘한 편이어서 아름다운 한려수도 바다 풍경은 나무 사이로만 볼 수 있다. 과거에 이곳은 외구가 출몰하던 지역이다. 이 섬을 지나 통영과 거제를 닿으면 육지로 연결되는 길목이라 해도 지나치지 않다. 그만큼 지리적으로 중요했다는 증거이다. 봉화대는 돌무덤 같기도 하고 제를 지내는 거대한 제단 같기도 하다. 봉화대 주위는 대나무와 굵직한 아름드리 나무들이 둘러싸고 있다. 내려오는 산길에도 대나무 숲이 빼곡히 들어서 있어서 바닷바람을 막아 주고 그늘이 되어 준다.

 남쪽 해변으로 나가니 물놀이하기 좋은 몽돌해변이 펼쳐져 있고 작은 바위섬에는 빼곡한 푸른 해송의 기개가 느껴진다. 바위섬에 서 있는 해송, 작은 식물들은 거센 파도의 소금기 있는 바닷물을 받아들이고 이겨 낸다. 해안가를 자세히 살펴보면 군데군데 보이는 갯바위에 해초, 거북손, 군부, 조개 등 옹기종기 살고 있다. 이런 아름다운 섬들에는 참으로 많은 생명체들을 품고 있다. 바다와 산이라는 각각 다른 생태계에서 서식하면서 극한 환경을 이겨 내기 위해 자연에 순응하는 모습을 보이기도 한다. 이런 대자연이 내어 주는 보배

로운 생명체를 취하고 즐길 수 있음에 감사해야 하고 잘 보전해야겠다는 생각이 든다. 그리고 섬 투어를 이어 갈수록 아름다운 천혜의 섬에서 본 것들을 많은 사람들이 누릴 수 있도록 무언가를 해야겠다는 의무감이 든다.

비진도의 달밤

비진도는 통영항에서 약 14㎞ 떨어진, 멀지 않은 거리에 있다. 해안선은 9㎞로 다른 섬에 비해 사람이 많이 살고 있는 큰 섬이라 할 수 있다. 이 섬에는 해발 311m나 되는 섬치고는 꽤 높은 외항산이 있다. 마을은 내항마을과 외항마을로 두 마을이 있다. 비진도라는 이름은 섬의 풍광이 아름다워 붙여진 이름인데 미인도라고 부르기도 한다. 특히 은빛모래해수욕장은 하절기에 많이 찾는 곳이다.

섬 곳곳에는 수령이 백 년 이상 되는 소나무들이 즐비하다. 팔손이나무는 천연기념물 제63호로 지정할 만큼 귀하게 여겨 왔다. 천연기념물인 팔손이나무 못지않게 섬에 있는 때죽나무는 가을에 땅을 향하여 매달리는 수많은 열매의 머리(종자 껍질)가 약간 회색으로 반질반질해서 마치 스님이 떼로 몰려 있는 것 같아 처음에 '떼중나무'로 부르다가 때죽나무가 된 것이라는 설이 있다. 열매는 기름을 짜서 동백기름처럼 식용으로 사용했다 한다. 자귀나무는 섬사람들이 산을 오르내리면서 잠시 쉬어 가라고 붉은 실처럼 생긴 꽃의 아름다움을 보여 준다. 후박나무는 한약재로 섬사람들의 건강을 지켜 준다. 나무들의 하나하나의 쓰임을 여행자의 마음속에 담아 둔다.

여름날 비진도를 두 번째로 나선다. 통영항에서 비진도 가는 정기선을 타고 외항 선착장에 도착해서 하선한다. 배편에서 내리는데 눈에 먼저 들어오는 가장 핫한 곳으로 작열하는 태양과 눈이 시리도록 파란 바다에 은빛모래해수욕장이 펼쳐져 있다. 사람들은 바다색을 보고 보석처럼 빛나는 에메랄드빛이라고 말한다. 그 말에 동의는 하지만 바다의 겉만 보고 하는 말일 수도 있다. 바다는 물속에서도 생명체들을 먹여 살리려고 끊임없이 썰물과 밀물을 만들고 때로는 바다 속을 뒤집어 바다 생명들에게 에너지를 공급한다. 이렇게 열심히 살다 보니 마음이 맑아진 게 아닐까. 일렁이는 물결이 파란 융단을 깔아 놓은 것처럼 빛나는 것도 그런 이유가 아닐까. 한 장의 그림을 그려 놓은 듯한 해변의 모래사장에는 잔잔한 파도가 밀려오면서 찰싹거리는 음률은 무한반복돼도 듣기 좋은 소리다. 가만히 그 소리에 귀 기울여 보면 바다 냄새가 읽힌다. 백사장 건너편 춘복도가 그 마음을 읽고 있다.

모래사장 반대편 자갈 몽돌해변은 물이 빠져나가면 물에 잠겨 있던 자갈밭이 물이 들어오는 동안에 일광욕을 한다. 인간이 하는 일광욕이야 할 일 없이 하는 일일지 모르지만 해변이 하는 일광욕은 그렇지 않다. 아이에게 젖을 물리는 엄마처럼 자갈밭은 살아 있는 게에게, 파래김에게, 조개에게, 갯지렁이에게 햇볕에 나는 찰진 영양분을 준다. 그리고 물이 들어오면 그들을 살포시 품에 안는다. 다시 물이 빠질 때까지 말이다. 그런 몽돌해변에는 바다 생명체가 태어나서 끊임없이 움직이고 진화해 가며 살아 있는 야생을 사람들에게 내어 준다.

　비진도에는 섬 전체를 트레킹할 수 있는 산호길이라는 둘레길이 있다. 선유봉을 오르기 위해 가파른 산호길을 약 30분쯤 올라가니 동서 방향이 확 트인 미인전망대가 나온다. 잠시 쉬면서 동서로 둘러보니 한려수도의 섬들이 겹겹이 펼쳐져 있는 풍광이 한 폭의 그림 같다. 이 비경을 바라보고 있노라면 탄성이 절로 나고 평온함에 스멀스멀 빠져들어서 한참 자연명에 젖어서 즐겨 본다. 다시 걸음을 재촉하여 선유봉을 거쳐 남쪽 노루여전망대에 이르니 남쪽 바다가 창대하게 펼쳐져 있고 짙푸른 바다를 배경으로 기암절벽 암반과 수목들이 빼곡하다. 바다와 산의 조화를 탐미하며 화각에 넣어 본다. 비경의 섬 산길에서 땀을 뻘뻘 흘리고 올라온 수고에 시원한 바람은 너무 감미롭게 느껴진다. 이런 천혜의 섬 트레킹은 심신의 피로를 말끔히 날아가게 하는 최적의 힐링 플레이스이다.

　서쪽 하산하는 길로 걸음을 재촉해서 산호길을 가는데 동백나무 숲이 빼곡하게 들어서 있어 하늘을 완전히 가릴 정도이다. 절벽 비탈길에 동백나무 숲 아래는 서늘한 냉기가 돌아서 땀이 말라 버릴 정도로 시원하다. 해가 서쪽으로 기울기 시작하면서 몽돌해변과 한려수도에 마주하는 섬들은 저녁을 맞이할 준비를 한다. 뱃사람들도, 섬 아낙들도, 바닷가를 뛰놀던 아이들도, 섬을 날아다니던 갈매기도 하나둘 자신들이 둥지로 찾아간다. 꼭 집이 좋을 필요는 없다. 바람을 막고 비를 피할 정도면 족하다. 섬사람들은 집에 대한 욕심이 없는 것 같다. 숙소에 이르러 옥상으로 올라가니 어느새 노을이 수평선을 붉게 물들이더니 금세 사라져 버린다. 때마침 보름달이 비진도 바다를 휘영청 비추어 황금빛 물결로 마치 융단을 깔아 놓은 듯하다. 주인장이 건물 옥상으로 올라가서 식사를 준비하고 있다. 밤바다의 운치를 맛볼 수 있게 배려를 해 준다. 파도 소리가 찰싹거리고 바람 비린내가 나며 달빛은 아름다운 조명이 된다. 한려수도에 작은 섬과 한 몸 되는 느낌이고 구름 위에 떠 있는 듯 감미롭다. 섬에서의 아름다운 분위기에 술 한 잔 기울이니 신선놀음을 하듯 기분에 취해 시간 가는 줄 모르고 밤을 보냈다.

다음 날 새벽 숙소에 창 너머로 파도 소리 음률이 찰싹거리는 소리에 잠에서 깼다. 창문을 열어 보니 파란 바다에 은빛 모래가 펼쳐져 있다. 마음에 평온을 주는 광경이다. 마냥 이곳에 머물고 싶은 마음이 절로 나지만 차 한잔하고 서둘러 카메라를 챙겨서 밖으로 나와 내향마을로 향했다. 안섬 쪽으로 20분 정도 걸으니 돌담 사이로 꼬불꼬불한 골목길이 보이고 조용한 마을이 나타난다. 여기저기 작은 텃밭들을 지나 오르막을 올라서 동쪽 둘레길로 간다. 이곳은 선유봉과 달리 봉우리가 가파르지 않고 둘레길이 완만하다. 동쪽으로 멀리 용호도, 한산도, 장사도가 겹겹이 보인다. 신록들의 힘찬 생기가 살아 있는 수목들 사이로 걸으니 숲에서 피톤치드 향이 느껴진다. 산길 길섶에는 개별꽃, 새끼 노루귀, 칡꽃 등 야생화가 여기저기 보인다. 호젓한 여유를 느끼면서 한려수도 아름다운 풍광을 보니 기분이 업되어 노래를 불러 본다. 그러다 보니 어느새 선착장이 저만치 보인다. 섬에 와서 바다를 끼고 산길을 걸으면 세상사를 잊게 해 주고 마음을 정말 편하게 해 준다. 그리고 유유자적하는 재미가 쏠쏠하고 감성이 솟아서 섬 투어는 너무 행복한 작업이다.

III부 / 가을

📍 연화열도의 맏형 욕지도

　욕지도는 한려수도 통영에서 제일 큰 섬이다. 면적이 14.5㎢에 해안선 길이가 31㎞이다. 이 섬에는 392m의 높이를 자랑하는 천황봉이라는 산이 있다. 이름만 들어서는 지리산의 높은 산처럼 생각이 든다. 섬에서 높다는 의미로 보면 맞다. 통영 삼덕항에서 뱃길로 1시간을 열심히 달려야 도착한다. 32㎞라는 거리는 자동차로 가면 30여 분 걸리는 시간이다. 물고기와 수산물이 많이 잡혔던 과거에는 사람들도 배들도 많았다.

　인구 약 2,000여 명이 살고 있는 섬이다. 욕지도는 두미도, 상노대도, 하노대도, 우도, 연화도 등 9개의 유인도와 30개의 무인도을 거느리고 있는 어른섬이다. 욕지도는 구릉이 잘 발달되어 있고, 해안가는 여느 섬처럼 절벽과 기암괴석이 즐비하다. 노적해변, 유동해변, 흰작살해변, 도동해변, 덕동해수욕장, 삼여, 새천년기념공원 등 트레킹하기 좋은 장소가 있다.

 욕지도라는 이름의 유래는 재미있다. 백여 년 전 한 노승이 시자승을 데리고 연화도의 천왕봉에 올랐다. 시자승이 노승에게 도(道)에 대해 묻자 "욕지도 관세존도(欲知島觀世尊島)"라고 선문답 같은 대답을 받았고, 그 대답에서 유래되어 지금의 '욕지도'란 지명이 되었다고 한다. 욕지도의 지명은 단순히 욕지도와 세존도만이 아니라, 주변의 다른 섬들, 연화도, 두미도 등의 섬들을 연계할 때 비로소 답이 풀린다. 이런 섬에 붙은 이름들은 "욕지연화장두미문어세존(欲知蓮華藏頭尾問於世尊)"이라는 불경 구절에서 따왔다 한다. 이 구절의 의미는 욕지도가 연화세계(극락세계)의 의미일 것이라 생각한다.

 11월 하늘이 유난히 맑고 구름이 살짝 끼어 좋은 날씨다. 카메라 가방을 챙겨서 통영으로 출발한다. 삼덕항에서 배를 타고 통영 한바다로 나간다. 욕지항으로 들어가면 멀리서 큰 포구임을 알 수 있다. 버스를 타고 섬을 일주하면 짧은 시간에 섬 전체를 관광할 수도 있다. 포구에서 서쪽으로 섬 일주도로를 걸어가면 먼저 '흰작살'이라는 해변이 나온다. 해변에서 저만치 떨어져 있는 작은 바위섬에는 오랜 세월을 견뎌 온 해송이 가공되지 않은 야생의 기개가 살아 있는 자태를 보여 준다. 북서쪽으로 조금 더 가면 한려수도 섬들이 관광객들을 맞이하려는 듯 일렬로 도열하고 있다. 세존이 가꾸어 놓은 듯한 바다에 섬 정원이 눈앞에 펼쳐진다. 바다 위에 섬을 조경해 놓은 듯하다. 크고 작은 바위섬들이 보이고 짙푸른 바다와 파란 하늘과 어울려 환상적인 풍광으로 다가오니 세상을 다 가진 듯한 느낌이다. 아예 여기서 살고 싶은 생각마저 든다. 욕지도라는 이름의 의미를 새삼 느끼게 한다.

　계속해서 일주도로를 가면 서쪽 바다에 노대도, 두미도, 수우도 등이 그림같이 펼쳐져 있다. 길어깨에 아름다운 한려수도의 진풍경을 볼 수 있는 전망대가 있어 쉬면서 행복한 사색에 빠져들어 멍때리기 좋다. 좀 더 걸어가면 도동마을이 나오는데 이곳은 우리나라에서 처음으로 참다랑어 양식을 시도하는 가두리 양식장이 나온다. 적당한 수온과 강한 조류가 참다랑어를 키우기에는 최적의 섬이라 한다. 덕동마을을 지나면 누구나 텐트를 치고 야영을 할 수 있는 오토캠핑장이 있다. 캠핑장 근처에 붉게 아름답게 물들어 가는 일몰을 볼 수 있는 유동해변이 나온다.

　고래머리를 지나서 욕지도의 남쪽 방향에는 천혜의 아름다운 기암절벽과 해안 절경이 가장 빼어난 곳이다. 삼여도는 세 여인이라는 의미이고 송곳처럼 수면을 뚫고 솟아오른 두 개의 바위가 작은 아기바위 하나를 감싸고 있는 모양이다. 삼여전망

대와 출렁다리에서 바위섬들의 풍광을 화각에 담고서 이 순간을 즐긴다. 그리고 망망대해를 바라보면 세속을 떠나온 듯 섬마을의 정취에 한참 빠져든다. 이런 풍경을 맞닥뜨려서 행복한 감성에 빠지는 건 심신을 정말 건강하게 해 주는 것 같다. 동쪽으로 가볼 곳을 다 둘러보려면 2~3일은 족히 머물러야 하고 해가 벌써 서쪽으로 기울어 마을로 내려가 내일 새벽 일출 촬영을 하기 위해 먼저 숙소를 잡았다.

아침 일출 촬영을 위해 배를 대절하러 선장을 만나러 간다. 마침 고향 사람이라 친절하고 요령을 잘 알고 있어 작업하기 편하게 해 준다. 그리고 섬마을 향토음식점인 김선장집에 가서 생선회와 구이를 시켜서 막걸리와 함께 그윽한 식사를 했다. 주인장은 섬에서 태어나서 천직인 어업을 하고 있는 뱃사람이고 토박이다. 욕지도는 면사무소가 있기 때문에 가구 수가 많고 웬만한 생필품은 섬에서 구입할 수 있다. 왜정시대 무렵 어업전진기지로 융성할 때는 어업 활동 인구가 2만 명 넘게 거주했었다고 한다. 그 당시 통영의 수산 경제 중심지로 뱃사람들이 돈을 벌기 위해 모여드는 곳으로 흥청거리던 시절이 있었던 어촌이었다. 그래서 사적이 많이 있고 또 다른 볼거리와 기록들도 있다.

부산에서 2시간가량 운전해 오고 3시간 정도 섬 일주 트레킹을 하면서 사진 작업에 몰입하다 보니 피곤해야 되는데 너무 아름다운 절경들에 감동해서 그런지 크게 피로를 느끼지 못하는 것 같다. 저녁 식사를 하고 산책을 나서니 섬마을에 적막이 내려앉았고 하늘에는 육지보다 훨씬 많은 별들이 총총 빛나고 바다에는 파도가 잔잔하게 철썩이는 소리가 들린다. 마냥 마음이 푸근하고 날 것같이 가볍다. 섬에서의 밤은 설레고 푸근해서 사색에 푹 빠지기 쉽다. 2019년 봄, 지인들과 욕지도를 처음 왔을 때 한려수도의 아름다운 섬들에 반해 남해안 섬 투어를 하기로 마음먹었다. 벌써 투어를 시작한 지 2년이 지나서 다시 욕지도를 찾아 돌아보니 참 잘한 선택이었다는 생각이 든다. 꽃나무가 싹을 틔우고 비바람에 견디고 낙엽이 지고 열매를 맺기까지는 순리의 시간이 필요하듯 우리 인생도 마찬가지다. 시간이 제법 지나 숙소로 들어가서 새벽 출사 준비를 위해 잠을 청했다.

새벽 6시에 일어나 장비를 챙겨서 배에 올라탔다. 배는 칠흑같이 어두운 바다를 가르고 동녘 초도 쪽으로 향했다. 20분 정도 먼바다로 나가서 녹운도와 초도 사이 근처에 수평선 하늘을 바라보니 약간 불그스레한 여명이 보이기 시작한다. 아직 30분은 있어야 해가 떠오를 것 같다. 작은 바위섬 녹운도에는 아직 어두운데도 낚시꾼들이 이미 자리를 잡고 낚시채비를 하고 있다. 해가 떠오르는 방향을 잘 잡아야 섬과 함께 일출을 화각에 담을 수 있다. 여명의 붉은 정도를 잘 보고 그 방향으로 배를 이동시키는 작업을 선장에게 몇 번이고 해 달라고 한다. 이윽고 해가 떠오를 수평선 지점에서 확연히 더 빨갛게 타오른다. 붉은 끄트머리가 조금 올라온다. 파도에 흔들거리는 배 위에서 잽싸게 화각에 집어넣어서 셔터를 쉴 새 없이 누른다. 다시 배를 이동시켜 섬 다른 방향으로 해를 화각에 넣는 작업에 몰입한다. 한 시간이 지났을까, 해는 많이 올라와서 햇살이 갈라지고 은빛으로 빛난다. 더 이상 작업을 할 필요가 없어 보여 배를 이동시킨다.

아침 햇살에 붉은 색조를 띠는 바위섬 녹운도를 한 바퀴 돌면서 화각에 담아 본다. 야생의 깊은 바다 바위섬에 깎여 나간 모습은 각기 다르다. 때로는 수면 아래 있기도 하고 거대한 파도에 부딪치고 비바람 폭풍을 맞기도 해서 형상이 기묘하다. 카메라 셔터를 누르고 있는 순간 바닷새 한 마리가 나타나 화각 안에 들어와 뽐내고 선 사라진다. "이 망망한 바다에서 새가 순간적으로 카메라 화각 안으로 들어온다는 건 쉽지 않은 일인데" 하며 길조란 생각이 들었다. 돌아오는 배 위에서 최상은 아니지만 고생한 보람을 만족하고 흐뭇해하면서 선착장으로 돌아왔다.

아침을 먹고 욕지일주도로에 다시 나섰다. 펜션마을로 가는 농로를 따라 오르막을 올라가면서 언덕을 살펴보니 고구마밭들이 여기저기 있다. 욕지도 고구마는 맛있기로 소문나 있고 이곳의 명물이다. 남쪽 일주도로를 다시 올라가서 해안으로 접근해 보니 무수한 세월 동안 깎여 내린 해안 절벽 단애가 아슬아슬하여 탄성을 자아내게 한다. 동녘으로 노적해변, 통단해변이 한적한 포구가 보이고 바다 건너엔 초도가 친척집마냥 마주 보고 있다.

길가에 벤치가 있어 한바다를 쳐다보니 은빛 윤슬이 파도에 울렁거리며 눈이 부셔 시간을 멈추게 하고 생각에 잠겨 본다. 욕지도에서 한려수도부터 탐방하리라 큰맘 먹고 시작했었다. 6개월이 지나서 너무 어려운 작업이란 것을 실감했었기에 멈출까도 생각했지만 하늘이 주신 팬데믹이란 소중한 기회라 생각했다. 그간의 작업을 돌아보면

결실로 맺기까지를 사계절로 보면 이제 초여름에 온 것 같다. 다가올 바다에서의 험난한 여정이 기다리고 있지만 한 걸음씩 내딛다 보면 희망을 보여 왔듯이 쉼 없이 즐기는 마음으로 혼신을 다해 항해하리라 다짐해 본다.

남해의 보물섬 조도와 호도

남해군 미조면 조도는 미조리에서 남동쪽으로 약 500m 해상에 위치한다. 면적 0.32㎢, 해안선길이 2.8㎞, 최고점 96m, 인구 119명(2001년 기준)이다. 새섬이라고도 하며, 모양이 새를 닮아 조도라는 이름이 붙었다. 남항에서 하루에 여덟 번이나 뱃길을 열어 주

는 '조도호'를 타고 10여 분 물살을 가르면 그곳에 조도와 호도가 있다. 섬 모양이 새(鳥)와 범(虎)을 닮아 조도(새섬), 호도(범섬)라고 부른다. 조도는 미도(米島)를 비롯하여 죽암도, 노루섬, 목과섬, 호도, 애도, 사도 등 10여 개의 크고 작은 섬들에 둘러싸여 있다. 조도는 멀리서 보면 섬이 두 개인 것처럼 보이는데, 그중 마을이 있는 곳을 큰섬(大島),

작은 섬을 조도라 부른다. 사람이 사는 새섬, 호도와 근처의 작은 무인도를 모두 합쳐 '조도'라 한다. 다른 섬과는 달리 바닷물이 시리도록 푸르다. 일대 해역은 바다에 여(礖)가 잘 형성돼 있어 바지락, 홍합, 미역이 자라고 있다.

해안을 보며 걷는 아름다운 데크

작은 어촌 마을 사이를 지나 남쪽으로 나아가면 어항이 있고 탁 트인 남해가 보인다. 이곳에는 수변공원처럼 꾸며진 아늑한 둘레길 시작점이 보이는데 갈색 물감으로 그려 놓은 듯한 데크가 여행객들을 유혹하며 반긴다. 산허리를 이어 주는 데크 둘레길은 남동쪽으로 바다를 끼고 연결되는 정말 아름다운 코스이다. 숲과 바다를 끼고 아름다운 남해 보물섬의 천혜의 절경을 보면서 꽃나무 오솔길을 걷기에 좋다. 20분쯤 걸어가면 해안으로 내려가는 계단이 있는데 데크로 넓은 공간이 설치되어 있고 바다를 바로 근접해서 아름다운 풍광을 조망할 수 있다.

도장계전망대

　해안 둘레길을 따라 남쪽 바다를 가장 넓은 시야로 볼 수 있는 지점에 쉼터 공간이 넓게 설치되어 있다. 이곳은 조도에서 가장 멋진 풍광을 볼 수 있는 힐링 플레이스이다. 우측에 호도가 보이고 중간에 목과도와 좌측에 미도 등 아름다운 절경을 볼 수 있다. 여기는 섬들의 향연이 펼쳐져 있어 감동이 물결친다. 파도가 몰려오는 방향에 따라 섬의 바위가 다르게 깎여 나가고 살아남은 숲의 모양이 다르다. 옹기종기 모여서 서로를 지켜 주고 조화로운 자연생태의 모습에 묘취된다. 이곳은 명상을 하기도 좋아서 백패커들이 많이 찾는 곳이기도 하다.

깎아지른 해안과 숲길

　암반에서 자란 나무들은 짠 바닷물이라도 먹는 것일까, 깎아지른 해안 절벽 길을 걷는 코스에 숲의 울창함이 육지 숲 못지않다. 굽이치고 깎아지른 해안 절벽 암반에 해송들과 꽃나무들을 파란 바다가 품어 주고 있다. 저쪽 건너 짙푸른 바다 위에 떠 있는 바위섬은 마치 분재를 한 암석 같다. 그 아름다운 자태로 파도가 밀려올 때 하얀 미소를 지으며 자주 웃는다. 대자연의 조화로운 아름다움의 극치를 보며 숙연해진다. 둘레길에서 쌀섬을 지나칠 때면 평탄한 길이 나오고 죽암도와 작은 바위섬 몇 개가 눈에 들어오는데 그 모습에 또 심쿵한다.

병풍 같은 죽암도와 해송

　멀리서 걸으면서 보는 죽암도의 자태는 기개가 있고 멋지다. 둘러치고 있는 병풍 같은 주상절리 절벽을 보면 대나무 숲을 보는 듯하다. 바위섬 암반에 낙락장송 같은 해송들이 곧게 뻗어 있다. 마치 금강산의 절경을 바다에 옮겨 놓은 듯한 천혜의 비경이다. 남해가 보물섬이라 불리는 이유를 알 듯하다. 죽암도 한편에는 마치 나이가 들어 뼈가 얇아지는 것처럼 바위들 곳곳에 구멍이 듬성듬성 나 있다. 바위는 언제 보아도 변함이 없는 것처럼 보이지만 세월에는 장사가 없다는 속담처럼 세월을 비켜 가지는 못하는 것이다. 바위에 구멍이 뚫리고 갈라진 모양은 세월의 나이테임에 틀림없다. 인간의 삶에서 고난을 극복해 내듯이 바위섬도 거친 해파에 맞서 견뎌 냄은 고귀하게 느껴진다.

오랜 세월 동안 자연에 순응하기 위해 큰섬은 작은 아기섬 몇을 분가한 듯하여 조화롭게 변모한 모습이다.

 조도 선착장에 내린 지 2시간 남짓 둘레길을 걸었지만 고단하지 않다. 몸이 자연을 느끼고 감동받고 즐기는 동안 에너지가 소비되지만 가슴과 머리에 생성된 감동 호르몬이 생성되어서일 것이다. 여기 조도는 오르내림이 많지 않고 해안의 아기자기한 풍경이 아름답다. 이곳에서 천혜의 해안을 탐미하면서 생기가 넘치는 섬 자연을 관조할 수 있다는 건 소중한 의미로 오래도록 남을 것 같다. 그래서 천혜의 힐링 코스로 많은 사람들에게 알리고 싶다. 사람들은 바다 위에 있는 섬들을 다 같이 무심한 바위와 숲으로만 여길지 모른다. 그 모양은 억겁의 세월 동안 깎여 용틀임되고 자연에 순응하여 야생의 모습을 보여 준다. 오늘 남해 조도에 천혜의 아름다운 섬들을 탐미하고 느끼면서 부드럽고 선한 마음결로 살아갈 수 있기를 희망해 본다. 그리고 고해와 같은 현실을 희망과 성취로 이루어 내서 의미 있는 삶으로 꾸려 낼 수 있도록 염원해 본다.

작은 섬을 거느리는 개도

개도는 전라남도 여수시 화정면에 있다. 화정면에 속한 섬 중에 세 번째로 큰 섬이다. 포구로 주위의 작은 섬들을 거느린다는 뜻으로 '개(蓋)' 자를 써서 개도라 부르기도 하고, 섬에 있는 봉화산과 천제봉이 개의 귀처럼 생겼다고 개섬이라 불렀다고도 한다. 북쪽으로는 여수반도, 북동쪽으로는 돌산도, 남동쪽으로는 금오도(金鰲島), 서쪽으로는 고흥반도가 있다. 교통편은 백야도 선착장에서 배편으로 하루에 네 번 섬으로 들어갈 수 있다. 섬에는 6개 마을이 있으며 3개의 포구가 있다. 선착장을 돌아 나오는 포구는 마을을 품고 있어 포근함이 더해진다. 본섬 쪽은 둘레길이 잘 조성되어 있는데 봉화산 천제봉(해발 338m)으로 올라가는 등산로를 따라 트레킹 코스가 있다. 가 볼 만한 곳을 손꼽는다면 모전 몽돌해수욕장, 천제봉 절벽 등산로, 청식포해수욕장, 백패킹 큰바위, 월항포구, 서도 기암 절경들은 방문객들의 눈을 단번에 사로잡을 수 있는 풍경이 펼쳐져 있다.

부산에서 늦가을 냄새가 풍기는 섬을 가 보려 마음을 먹고 여수 화양면에 있는 개도로 출발했다. 배편이 자주 있고 접근성이 가장 좋은 백야도로 향해 단숨에 달려 3시간 만에 도착했다.

10월 하순이면 울긋불긋한 가을 단풍은 여수에 섬 전체를 물들인다. 여수 방향으로 차를 몰고 가다 보면 누구든 이 계절에는 잠시 차를 멈출 수밖에 없다. 단풍 드는 개도를 갈 때마다 설레는 마음을 누를 길이 없다. 섬을 향하는 배를 타고 나가면 약간 흥분되는데 윤슬로 반짝이는 파란 바다가 나를 유혹하는 것 같다. 이런 생각에 잠시 물멍을 때리다 정신을 차리면 자봉도가 눈앞에서 어서 오시라고 손을 흔들어 반갑게 맞이해 준다.

여석 선착장에서 배를 내리고는 해안 쪽에서 오르는 사람길 코스로 향한다. 산길로 접어들자 멧새들이 반가워서 어쩔 줄 몰라 지저귄다. 늦가을 파란 하늘, 붉은빛으로 물든 나뭇잎, 구름으로 어우러진 자연 풍경은 자상함마저 든다. 제법 오르막을 오르니 해안 배성금 절벽 길이 보이고 호령전망대가 보인다. 이곳에 서면 창망대해가 펼쳐지고 기암절벽이 해안선을 이루고 있는 천혜의 절경을 한눈에 조망할 수 있다. 암능 숲에는 낙엽수가 붉게 물들어 있다. 절벽 길 끝으로 난간을 세워 두고 오솔길이 이어진다. 벼랑 끝에 늠름한 자세로 해송이 구름을 머리에 이고 멋을 한껏 부리고 좁은 길을 겨우 발걸음을 뗄 수 있어 아찔한 스릴을 느끼게 한다. 해안 암릉 절벽 구간을 지나 내리막 등산로 아래로 시선을 돌리니 단풍이 눈 호강을 시켜 준다. 멀리 능선이 완만하게 보이는 섬은 금오도이다. 왼쪽에 있는 섬에는 밀림이 부럽지 않은 나무들이 숲으로 뒤덮어 아름다운 산 능선을 이루고 있다.

다시 내리막 산길을 걸으니 상수원 저수지가 보인다. 섬에는 육지와 달리 물이 귀해 여러 가지 방법을 동원해 저장하는 수고를 아끼지 않는다. 10여 분 걷다 보면 청석포로 내려가는 데크가 설치되어

있었다. 청석포에 풍광은 커다란 암반이 층을 이루고 넓은 평지로 펼쳐져 있다. 이곳은 백패킹을 하기에 최적의 장소라서 하절기에는 많은 사람들로 북적이는 곳이다.

청석포를 지나 개도의 동쪽 월항 방향으로 섬 바람을 타고 가 보니 해안선이 매우 아름답다. 파도가 바위에 부딪쳐 부서지고 밀려왔다가 되돌아온다. 오랜 세월 강한 해파가 해안선의 모양을 끊임없이 바꾸어 놓는다. 깎아지른 절벽, 굴곡진 갯바위, 분리된 딴섬의 그림 같은 해안선은 바다가 빚어 놓은 절경이다. 이러한 자연의 가치와 위엄은 너무나 대단해서 어떠한 인간의 치적이라도 한낱 부질없는 것 같다.

모전선착장에서 일주도로로 약 20분 정도 걸으면 우측에 고즈넉한 모전마을이 보인다. 해안 쪽으로 조금 더 내려오면 아치 형태의 몽돌해수욕장이 펼쳐지고 바다와 수평선이 끝없이 펼쳐져 아득하기까지 하다. 어디까지가 바다이고 어디까지가 하늘인가! 파도가 밀려오고 나가며 몽돌이 드러난다. 파도치는 곳으로 가까이 가 본다. 그때 물기가 햇볕에 반사되어 은빛 수를 놓은 듯한 반짝임은 머릿속을 하얗게 하는 느낌이라 편안하기 그지없다.

　모전에서 꼬리처럼 돌출되어 있는 외딴 해안 오솔길로 가 보니 오른쪽으로 고흥반도가 눈에 들어온다. 멀리 작은 섬들이 꼬리에 꼬리를 물고 있는 것처럼 보인다. 오솔길에서 돌출되어 있는 꼬리섬의 끝으로 가 보고 싶은 마음이 생겨나 길이 없는 나무숲을 헤치고 가 보았다. 해안 절벽 길로 가니 해식애로 분리된 지점에 자그만 해변에 암반이 깎여 나가 몽돌이 깔려 있고 명경같이 맑은 물속이 들여다보인다. 해안 절벽 끝으로 접근하니 해식애와 식생들이 오묘하리만치 생기가 가득한 야생이다. 섬이라는 공간의 틀 안에서 과거에 느껴 보지 못한 해안 생태 탐방은 만족스럽다. 천혜의 아름다움과 신비를 느끼면서 느림의 미학을 오늘도 배우고 갈 수 있음에 너무 행복하다. 그리고 개도에서 탐미한 천혜의 비경을 정지된 시간으로 만들어 많은 사람들에게 알릴 수 있기를 바라 본다.

📍 | 여수 비렁길 금오도

금오도는 전라남도 여수시 남면에 딸린 섬으로 면적이 26.999㎢, 해안선 길이 64.5㎞ 이다. 섬의 최고봉은 대부산(해발 382m)이다. 여수만 남서쪽에 있으며, 북쪽에 돌산도, 북서쪽에 개도, 남쪽에 연도가 있다. 섬의 생김새가 큰 자라와 같이 생겼다 하여 자라 오(鰲) 자를 써 금오도(金鰲島)라 하였다. 기암괴석들이 섬 주위에 흩어져 있고, 그 모습 들이 천태만상으로 다양해 신들이 노는 곳이라 불릴 정도로 아름답다.

6월 신록의 계절에 하늘에 구름이 살짝 끼고 맑은 날이라 부산에서 일찍 여수로 나 선다. 약 3시간 만에 돌산도를 지나 신기항에 도착한다. 금오도까지 항해 시간 가장 짧 고 배편이 자주 있는 곳이다. 배를 타자 출항해서 여수 앞바다의 작은 섬들을 거치며 항해를 한다. 다도해해상국립공원인 바다에 화태도, 황간도, 대소두라도, 나발도 등등 아름다운 섬들을 배 위에서 스쳐 지나가며 보는 것은 매우 흥미롭고 재미나다. 항해하면서 섬들의 멋진 풍경을 보는 순간을 놓치기 아쉬워 서둘러 카메라를 꺼내서 화각에 연신 담아 본다.

배가 섬에 도착하자마자 먼저 비렁길 시작 지점인 함구미포구로 가니 바다 건너 개도가 가깝게 보인다. 갯바람을 막으려고 쌓아 놓은 산비탈 마을의 2m가 넘는 돌담이 이색적이다. 평지가 거의 없는 섬이라 산비탈을 개간하여 밭으로 일구는 모습에서는 옹골찬 섬사람들의 삶이 고스란히 느껴진다.

금오도 비렁길은 1~5코스가 있는데 함구미마을 - 직포 - 갈바람통전망대 - 매봉전망대 - 비렁다리 - 학동 - 사다리통전망대 - 온금동전망대 - 심포까지로 완주하려면 6시간도 넘게 소요된다. 그중 가장 아름다운 비렁길 3코스의 시작점인 직포마을로 가서 주차를 해 둔다. 마을에서 왼쪽으로 가니 데크로 설치된 비렁길이 시작된다. 초입부터 동

백나무들이 빽빽하게 숲을 이루고 있다. 동백이 이미 질 시기인데도 간간이 붉은 낯빛으로 반겨 주고 있다. 동백 숲길을 걷는데 먼저 지나간 탐방객들이 떨어진 동백꽃으로 길섶에다 하트 모양을 만들어 놓았다. 이를 보며 한숨 돌리게 하는 지혜와 배려가 고맙게 느껴진다. 오르막을 제법 가서 올라서니 가파른 벼랑길이 이어져 절경을 연출하기 시작한다. 바다를 조망할 수 있는 공간이 있는 갈바람통전망대가 있다. 여기서 한숨 쉬고 아름다운 풍광으로 눈 호강을 하면서 자연명에 빠져 한참 본다.

다시 산길로 접어들자 동백, 길섶에 핀 개별꽃, 제비꽃, 야생 꽃나무들이 향긋한 내음을 은은히 내어 주니 힘든 줄 모르고 고개를 넘어간다. 오르막을 지나 내리막을 내려가는데 해안 절벽이 보이고 커다란 암반 갯바위가 나타난다. 해안 암반 위에서 건너편 기암 절경을 바라보니 천혜의 아름다운 산세와 옥색 파도 물결의 조화로운 풍광에 묘취되고 만다. 남쪽 수평선에는 구름이 드리워져 있고 왼쪽에는 연도, 오른쪽엔 나로도가 그림같이 펼쳐져 있다. 암반 위에서 거센 바람을 이겨 내고 견뎌 온 작은 해송은 강인한 생명력을 보여 주고 있다. 혼자 보기 아까운 공간과 순간들을 화각에 넣는다. 다시 산길을 올라 숲으로 들어서니 매혹적인 휘파람새, 박새, 직박구리의 소리는 그야말로 오케스트라 공연을 듣는 기분이다. 섬 풍광에 취해서 금오도에 매료된 느낌으로 비렁길 구비를 돌아 심포로 향한다. 계속된 절벽 비렁길을 가는 걸음마다 천혜 절경을 탐미할 수 있는 감동의 공간들이라서 끝까지 흥미로운 코스이다.

서둘러 금오도와 연결된 다리를 건너서 안도로 가 보니 아담한 포구가 있는 섬마을 내음이 풍긴다. 때마침 썰물이 빠져나가 바닥이 들어나 작은 바위섬까지 걸어가 본다. 갯바위들이 깔려 있고 해초들이 바닥에 뒤덮여 있다. 먹을 수 있는 다시마, 파래, 미역들이 있고 홍합, 조개, 거북손 등 어패류들도 널려 있다. 섬의 해안선엔 생명력이 쉴 새 없이 움직이고 바다는 한없이 많은 것을 내어 주며 이것들을 채취해서 살아가는 터전임을 실감하게 한다.

　금오도의 동쪽 해안으로 가 본다. 해안길 아래쪽은 초록의 수목들이 빼곡히 숲을 이루고 있다. 건너편 수향도를 바라보니 하늘에 구름이 내려앉아 수평선에 꽃구름이 감싸고 있는 보기 드문 자연현상이 한 편의 수채화를 보는 듯하다. 이 아름다운 풍광을 보니 얼른 카메라 꺼내어 공간과 순간을 화각에 넣고 영원히 남기고 싶어진다. 사진 촬영 작업은 날씨를 잘 고려하고 야외로 나온다. 너무 맑은 날 다 약간의 구름이 있는 맑은 날이 좋은 날이다. 하지만 구름은 기류에 따라 흘러가기 때문에 피사체와 어우러진 구름을 화각에 넣긴 쉽지 않다. 아무리 좋은 풍경이 있는 곳이라도 날씨가 받쳐 줘야 하는데 좋은 일을 많이 하든가 운이 잘 따라야 한다. 그렇지 않으면 같은 곳을 여러 번 와야 할 수도 있기 때문이다. 그런데 날짜를 잡아서 오는 날마다 독특한 하늘, 일몰, 파란 물결, 멋진 풍경을 내어 주어서 항상 감사한 마음이다. 전생에 좋은 일을 많이 한 건지 알 길이 없지만 운이 좋은 사람인 건 맞는 것 같다. 금오도를 한번 찾아서 천혜의 아름다운 섬의 면모를 보고 갈 수 있기에 더없이 즐겁고 행복한 날이다. 그래서 서둘러 배편을 타러 가는 발걸음이 오늘따라 더 가볍게 느껴진다.

고흥군의 거금도

전라남도 고흥반도 서남단 도양읍에서 약 2.3㎞ 떨어진 지점에 거금도가 있다. 거금도는 태양 아래 황금처럼 빛나는 모래밭 덕분에 이런 이름이 붙었다는 이야기가 있다. 주변에는 연홍도, 허우도 등 사람들이 사는 섬이 있고 형제도, 독도, 오동도 등 크고 작은 무인도들이 흩어져 있다. 섬의 북서부에는 적대봉(592m)과 용두봉(419m) 등 산들이 우뚝 솟아 있고, 경사가 급하다. 섬은 완만한 100m 정도 구릉을 이루고 있다. 북서쪽 해안에는 취락과 경지가 분포하며, 간석지도 넓게 펼쳐져 있다. 일정·월포에는 방조제를 쌓아 농경지로 이용한다. 해안선은 서쪽이 드나듦이 심하여 사빈해안이 많고, 일부 돌출부는 암석해안을 이룬다.

8월 더위를 마다 않고 고흥 영남면 해안으로 향한다. 해안으로 가는 들녘엔 신록의 들판이 풍성하게 펼쳐져 있다. 고흥은 유자와 석류, 쌀, 마늘, 참다래, 꼬막, 미역, 한우 등이 자랑할 만하다. 우주전망대에 도착해서 다도해를 바라보니 옥태도, 비사도, 첨도 등 아름다운 섬들이 한눈에 들어온다. 미르길 용바위로 가는 해안길을 호젓하게 탐미하면서 걸어간다. 다도해를 바라보며 가는 길은 가히 환상적이라 천혜의 아름다운 풍광이 나를 감동의 도가니에 빠지게 해 준다. 고흥 해안도는 가는 곳마다 절경인 데다 맑은 공기와 꽃나무들이 주는 평온함이 더할 나위가 없다. 또 머릿속이 맑아지고 행복감이 스멀스멀 스며든다. 벤치에서 쉬면서 카메라를 꺼내어 멋진 풍광을 화각에 담아 본다.

　해변에 포구로 내려가 보니 용암마을이라는 표지가 보이고 어릴 적 고향 같은 어촌 마을 풍경이 보인다. 용바위길로 나가니 넓은 암반이 퍼져 있고 물놀이하기 좋은 갯바위들이 펼쳐져 있다. 바다 쪽을 바라보니 작은 바위섬이 보이고 그곳엔 해송이 해파에 견뎌 온 세월을 고스란히 느끼게 한다. 멀리에는 여수를 연결하는 팔영대교가 보이고 동쪽 한바다에는 사도, 금오도 등 섬들이 아득하게 보이며 그림 같은 정취가 보여서 자연명에 빠져 한참을 즐겨 본다. 그러고는 카메라를 들고 이 공간과 순간을 영원히 볼 수 있도록 화각에 담는다.

　다시 거금도로 길을 재촉했다. 거금대교를 건너면서 보니 작은 바위섬에 해송이 한 그루가 잘 견뎌 낸 풍경이 보여 금진항으로 내려가 본다. 금진방파제와 포구가 보이고 황금색의 거금대교가 구름 꽃에 쌓여 활짝 웃는 듯하다. 인간이 만들어 낸 걸작품이다. 자연 친화적이고 과학적인 기술로 바다 위를 연결해 주는 교량은 섬마을 사람들에게 더없는 선물이다. 배를 타고 왕래할 때는 날씨와 시간 제약이라는 엄청난 불편을 감수하면서 살아왔을 게다. 포구 우측을 돌아서 가 보니 장자도라는 작은 바위섬이 보인다. 해수면 위에 암반이 올라와 있고 위쪽에 해송과 작은 식생들이 모여 서식하고 있다. 파도가 치면 바닷물을 맞아 내야 하는 환경에 잘 견뎌 온 모습이 대견해 보인다. 그리고 바닷새들이 그곳에서 서식하고 있다. 새들에게 먹잇감을 내어 주고 새들은 분변으로 거름을 해 주는 것 같다. 서로 공생하면서 자연에 순응하는 모습에 우리네 삶을 돌아보게 해 준다.

　거금도에는 섬치고는 꽤 큰 백사장들이 있다. 수심이 얕고 경사가 완만해 물놀이를 즐기기 위해 안전한 해변이다. 바다에서 불어오는 바람을 막아 주는 울창한 곰솔 숲이 있어 쉬어 가기 좋은 곳도 있다. 해안도로를 가다 보면 오천몽돌해변이 나온다. 이곳의 돌들은 모양이 타원형으로 생겨 사람들은 이 돌을 타조알이나 공룡알이라고 부른다. 알 같은 둥글둥글한 돌들을 사람들은 몽돌이라 한다. 오천몽돌해변을 찾은 사람들은 하나둘씩 돌탑을 쌓아 올리면서 정성 가득 담긴 소망을 담는다. 오천항방파제에 있는 작은 등대는 이곳을 찾는 사람을 맞이한다.

 오천항에서 소원동산이라는 언덕을 올라가면 팔각정이 나온다. 정자 입구를 지나면 산책을 하면서 풍광을 즐길 수 있는 나무로 만든 데크가 여행객들의 길을 안내한다. 섬과 섬 사이로 떠오르는 해를 보려고 사람들이 모이는 장소이기도 하다. 이곳은 일출이 아니더라도 맞닿아 있는 푸른 바다와 푸른 하늘, 선명하게 찍어 놓은 한 장의 그림 같은 포구가 내려 보인다. 해변을 더욱 푸르게 만들어 주는 푸른 돌이 다른 해변에 비해 유독 많다. 청석포구에서 바다 쪽으로 길쭉하게 튀어나온 방파제가 마을을 한바다에서 불어오는 바람과 파도로부터 막아 준다. 바다와 하늘 사이에 자그마한 섬들이 경계를 이룬다.

거금도는 탐미해 볼 만한 곳이 많다. 구름다리는 길거나 큰 편은 아니지만 캐노피 하이웨이를 통해 산책을 하다 보면 마음이 편안해진다. 해안 길을 조금 더 걸어 나가면 전망대에 이른다. 전망대에서 바라보는 경치는 다른 섬에서는 볼 수 없는 독특함이 있는데 바다와 산이 어울려 있는 곳이 많다. 어울림에는 늘 사람의 시선이 있기 마련이고 청정한 바다와 소나무가 울창한 숲은 섬을 찾는 사람들을 쉬어 가게 해 주는 넉넉함도 있는 듯하다. 해가 서쪽으로 기울자 멋진 일몰 포인트가 있는 형제섬으로 숨 막히게 달려가 본다. 때마침 두 개의 바위섬 사이로 넘어가는 환상적인 일몰을 펼쳐지고 있어서 화각에 넣는 작업에 몰입한다. 그리고 집으로 돌아오는 길에 나는 운이 정말 좋은 사람인가 보다라고 생각한다. 힘든 바다를 건너고 산을 넘어서 달려가면 맑은 하늘, 구름, 꽃, 섬, 바닷새들이 반겨 주고 찬란한 해가 아름다운 색조로 맞이해 주니 가는 곳마다 흥분되고 가슴이 두근거린다. 그래서 내일을 설레며 오늘을 접는다.

태고의 수우도

　빼어난 경치를 자랑하는 수우도는 1,284㎢ 면적을 가지고 있고, 7㎞의 해안선이 있는 작은 섬이다. 수우도는 해발 200여 미터 정도의 산봉우리 두 개가 하나로 합쳐져 있는 은박산(196m)이 있다. 사량도 상도에서 서쪽으로 3㎞ 지점에 위치한 수우도는 통영시에 속하는 여러 섬들 가운데 서쪽에 위치한다. 금강봉(135m), 높은재(189m)가 있다. 소처럼 생긴 섬의 지형을 보고 수우도라는 이름을 지었다. 섬에는 동백나무가 지천에 널려 있다. 사람들에게 사량도라는 섬은 잘 알려져 있지만 수우도는 빼어난 경치를 가지고 있음에도 불구하고 사람들의 주목을 받지 못해 왔다. 하지만 최근 금강봉과 고래바위, 신선대, 해골바위 등이 사람들 사이에 알려지면서 기암괴석을 찾는 등산객들의 발길이 끊임없이 이어지고 있다고 한다.

9월 22일 부산에서 삼천포로 출발해서 오후 2시에 항에 도착했다. 수우도 들어가는 배편은 유일하게 삼천포항에서 하루에 두 번, 새벽녘과 오후 배편밖에 없다. 수우도 가는 배가 출항한 지 10여 분이 지났을까 쪽빛 바다에 작은 바위섬들이 늘어서 있는 흥미로운 풍경이 눈에 들어온다. 배가 속력을 내고 지나가기 때문에 얼른 카메라를 꺼내서 선상에서 화각에 담는다. 선상을 즐기는 사이 어느새 수우도 포구마을이 눈에 들어왔고 섬마을 사람들과 함께 내린다. 선창가에서 총총 걸음으로 오래된 가옥과 돌담이 보이는 마을 골목으로 걸어간다. 문이 열려져 있는 나무 대문 앞에 70대 할머니 한 분이 앉아 계셨다. 공손하게 인사를 드리고 저녁 식사와 숙소를 물으니 친절하게 안내해 주셔서 잘됐다 싶어 예약을 해 두고 서둘러 산길로 향한다.

서둘러 들머리에서 동쪽 트레킹 코스 산길을 오르기 시작했다. 신록이 파릇파릇하고 예쁜 야생화가 청초한 모습으로 피어 있고 동백나무들이 좌우로 빼곡하게 숲을 이루고 있는 산길을 한참을 올라갔다. 30분 정도 산길을 걸어 올라가니 숲길 사이로 바다가 보이더니 한바다에 사량도의 지리망산과 능가도가 멋지게 다가온다.

잠시 후 암릉을 넘어 올라서니 탁 트인 남쪽 바다가 보이면서 넓은 고래바위가 펼쳐져 있다. 해안 절벽 아래에 풍광을 살펴보니 오랜 세월 침식과 해파로 암반이 둥글게 깎여져 고래 등처럼 보인다. 암반에는 해송들이 기개 있는 모습으로 조화를 이룬다. 고래바위 암반 건너편에 작은 바위섬이 있는데 그 형상이 하늘에서 먹이를 포착하여 사냥하기 위해 활공하는 매의 모습을 연상시키는 바위섬이라 매바위라 부른다. 이곳은 바다 물살이 억겁의 세월 동안 암반에 부딪치면서 마치 분재를 빚어 놓은 듯한 천혜의 비경으로 고아한 느낌마저 든다.

 다시 걸음을 재촉하여 암릉을 굽이쳐 걸어가니 해안과 경계를 이루면서 깎아지른 해안 절벽에 봉우리가 보이는데, 이곳을 신선대와 백두봉이라 부른다. 오르는 길이 워낙 가파르다 보니 로프를 잡고 올라가야 하는데 바다, 하늘, 바위, 숲이 천혜의 아름다운 절경이다. 여기는 아직 정기선 배편이 없다 보니 인적이 많지 않은 섬이다. 때 묻지 않은 천혜의 아름다운 경치가 금강산을 닮았다고 하여 금강봉이라 불리기도 한다. 봉우리에 올라 한숨 쉬면서 천혜의 풍광을 탐미하고 관조하는 즐거움을 만끽한다. 섬에 오길 잘했구나 세상 살맛이 난다 싶다. 섬에 있는 산과 해안에 있는 벼랑 암반 길은 태곳적 자연 감성을 느끼게 한다. 바람 비린내가 슬슬 느껴지는 이곳에서 한참 쉬면서 명상에 잠기며 해탈한 듯이 사색에 빠져 본다.

 백두봉 옆으로 해안 절벽에는 비와 바람에 깎이고 파여서 구멍이 숭숭 뚫린 공간들이 보이는 기묘한 형상의 이색적인 지질의 암벽이 보인다. 신기해서 해골바위 아래쪽 가파른 암벽을 타고 조심스럽게 내려가 보기로 마음먹는다. 암릉을 거쳐 내려가는 하단부에는 깎아지른 듯 경사가 심해 매어 둔 로프를 잡고 바닥까지 내려간다. 암반이 오랜 세월 동안 염분에 해식되면서 움푹 파인 공간들이 여기저기에 많다. 한참 살펴보니 이곳은 마치 태곳적 세계에 와 있는 듯한 느낌이고 그야말로 말로 표현할 수 없는 장관이다. 암반 중턱을 쳐다보니 젊은 아가씨 두 명이 절벽에 움푹 파인 공간에서 텐트를 치고 백패킹을 하려는 듯 준비하고 있다. 인적이 없는 태곳적 느낌의 야생 공간에서 즐기는 모습이 대견하고 한편으로는 부럽기도 하다.

　해가 서쪽으로 기울기 시작하자 은박산 봉우리를 거쳐 서쪽으로 내려가는데 오래된 동백나무 군락이 숲을 이루고 있다. 수우도의 봄은 유달리 동백꽃의 개화를 비교적 빠르게 보여 주는 곳이다. 산을 내려가면서 남해 쪽을 바라보니 동남쪽과는 다른 풍광의 멋이 있다. 섬들이 겹겹이 아늑하게 늘어서 있고 구름이 낀 하늘 사이로 붉은 노을이 서서히 아름답게 드리우고 있다. 오늘은 아쉽게도 좋은 날씨가 아니라 아름다운 순간을 놓쳤지만 일몰 포인트에서 멋진 풍광을 화각에 넣어 볼 수 있기를 기약해 본다.

서둘러 산을 내려와 평지에 다다르니 물놀이하기 좋은 몽돌해변이 펼쳐져 있다. 푸르면서 투명한 물감을 풀어 놓은 듯한 물색, 청청한 물속에서 치어들과 어른 볼락과 망상어를 보면서 인간의 가족애와 흡사하다는 생각을 해 본다. 이런 광경은 우리에게 일상의 평온함을 가져다준다. 그리고 크고 작은 몽돌과 바닷물이 만나 돌 구르는 소리가 난다. 이는 한 편의 시를 만들어 내는 시인의 운율같이 느껴진다.

해변에 잠시 쉬다가 할머니가 저녁 준비를 해 두었을 시간이라 줄달음을 치듯 마을로 간다. 서둘러 집 안으로 들어가니 시골집 대청마루에서 섬마을 식단으로 한 상 내어 주신다. 방풍나물, 채소, 생선구이, 젓갈 등 밥을 두 그릇 거뜬히 비우는 사이 할머니의 옛날 시집오던 시절과 홀로된 사연에 대한 이야기를 들으니 한스러움이 느껴진다. 평생을 이곳에 갇혀 살아가는 낙도의 삶에 대한 안쓰러움과 도심지에 번뇌가 없는 평안한 삶이 교차한다. 할머니의 적적함이 느껴지지만 새벽같이 출발하고 험한 산길을 오르내린 피로함이 몰려오는 터라 감사하다는 인사를 드리고 마을회관 숙소로 향한다. 밤하늘의 초롱초롱한 별을 쳐다보면서 자연의 위대함과 섭리에 늘 순응해야 하며 자연의 고요함 속에서 내 안의 존재를 느껴 볼 수 있음에 감사하다고 생각한다.

공룡의 섬 사도와 낭도

사도는 여수에서 27㎞ 지점에 위치하며, 면적 0.89㎢, 해안선길이 6.4㎞로, 동북쪽 화양면 서쪽에 고흥반도가 자리 잡고 있다. 모래 '사(沙)'와 호수 '호(湖)'를 써 사호(沙湖)라 불렀는데 행정구역 개편 때 사도라 하였다. 이 섬은 현무암질로 한 개의 섬이 오랜 세월 침식되면서 4개로 분리되었다. 바닷물이 가장 많이 빠지는 음력 2월 초하룻날과 백중사리 때는 조수가 가장 높다. 바로 옆에는 추도, 긴도, 시루섬, 나끝, 연목, 진대섬 등 일곱 개의 포함해서 사도라 한다.

사도라는 섬 이름은 '바다 한가운데 모래로 쌓은 섬 같다'고 해서 붙여졌다. 허적허적 느린 걸음으로 걸어도 한 시간이면 섬 전체를 돌아볼 만큼 작은 섬이다. 이 섬은 20여 가구가 모여 산다. 마을에 들어서면 둥글고, 납작하고, 모나고, 크고, 작고 각기 다른 모양이 자리다툼을 하지 않고 제자리에 있는 모습을 보니 마음이 흐뭇하다. 사도는 중생대 백악기 후기 약 7,000만 년 전에 형성된 3,800여 점의 공룡 발자국이 발견되었다.

해안가 바위에는 공룡 발자국 화석이 선명하다. 중도와 시루섬은 초승달처럼 생겼다. 시루섬은 거북이를 닮은 거북바위, 사람 얼굴을 닮은 얼굴바위가 있다. 사람들은 자연이 만들어 낸 조각상을 즐기러 일부러 이 섬을 찾아온다.

사도를 가려면 여수시 화양면에 화양대교, 둔병대교, 낭도대교를 차례로 건너서 낭도 선착장에서 배를 타야 한다. 그래서 낭도마을을 거쳐 가야 하는데 마을을 진입하면 마을 길 어귀부터 어촌 풍경이 물씬 나고 외지인들을 환영이라도 하듯 담벼락을 따라 갱번미술길이 펼쳐진다. 이 길을 지나치면 낭도의 맛집들이 몇 보이고 특히 낭도 '젓샘막걸리'라는 3대째 이어 내려오는 양조장에서 막걸리 냄새가 풍겨 나와 한잔하고 가고픈 마음이 들게 만든다.

 이곳에서는 과거에 정월 대보름날 가장무도회 축제가 있었다고 한다. 청춘 남녀가 낭도 카니발에 와서 서로의 사랑을 찾는다는 풍습이 있었다고 하는데 낭만 낭도라고 불리는 이유를 알 듯하다. 낭도에는 아름다운 해안 트레킹 길이 일품이다. 이 코스에는 기암괴석의 절경을 볼 수 있는 신선대, 천선대, 사도가 보이는 언덕, 장사금해수욕장 등 천혜의 아름다운 해안 길이 있다. 아침에 낭도의 멋진 일출 풍광을 볼 수 있는 곳이기도 하다.

 낭도에서 배를 타고 나가면 약 10여 분 만에 사도에 이른다. 출항을 하자 서쪽으로 멀리 고흥 나로도가 보이고 선상에서 지나치는 작은 바위섬들은 은빛 윤슬에 생기가 가득하다. 배편에서 사도를 바라보면 3~4개 섬으로 나뉘어져 있는 것처럼 보이지만 조수 간만에 따라 썰물이 되면 섬들이 연결되어 있다. 선착장에 하선하면 마을 입구에 거대한 공룡 조형물이 나를 반긴다. 섬에 들어가서 먼저 인적이 없는 과거 공룡이 노닐었던 증도와 장사도가 있는 방향으로 길을 잡았다. 양면해수욕장으로 걸어가니 장사도와 증도 사이에서 'ㄷ' 자로 바닷물이 갈라지는 모세의 기적 같은 현상이 나타나 있어 섬과 섬 사이를 호젓하게 걸어가 본다. 외부 여행객들은 바다가 갈라지는 현상에 한 번 어리둥절하고 마을 사람들과 갯벌에서 낙지, 해삼, 개불, 고둥 등 여러 가지 해산물을 주울 수 있는 사실에 한 번 더 놀랄 것이다.

사도 남동쪽에는 외계 행성에 온 듯한 암반 바위들이 많은데 증도 해안 쪽으로 발길을 돌리면 깎아지른 듯한 기암괴석들이 모양에 따라 색깔에 따라 자신이 태어난 시대를 보여 주려고 안간힘을 쓴다. 주걱턱 모양을 하고 있는 얼굴바위와 지척에 고래 모양을 하고 있는 바위는 지겨운 줄을 모른다. 똑같은 모양의 섬들을 보지 않아서이다. 고개만 약간 돌려도 다른 모습을 볼 수 있다.

또 다른 곳은 오랜 세월 동안 퇴적되어 생성된 판상형 암반이 절벽에 층층이 쌓여 있고 넓은 암반이 펼쳐져 있다. 아마도 새끼 공룡들이 뛰어놀던 놀이터가 아니었을까 생각해 본다. 지구가 생겨난 정도의 시간이 흐르면서 섬은 풍화되고 해식으로 암반이 분리되어 여러 개의 섬으로 생겨났을 것이다. 절벽 암반에는 작달막한 해송이 늠름하게 버티고 있다.

2시간 정도 섬마을 구석구석 돌아보는데 마을에도 인적이 드물다. 하절기가 아니라서 그런지 외부인들도 거의 보이지 않는 조용한 섬마을이다. 해안 절벽이 막아 주지 못하는 지형의 환경이라 식생들이 많지는 않다. 섬과 섬이 평지로 연결되어 있고 암반이 특이한 지형을 보이는 곳으로 다른 행성에 와 있는 느낌도 든다. 여기저기에서 공룡 발자국들을 볼 때 과거 중생대에 말 그대로 공룡들의 놀이터였을 것 같다. 남해안의 많은 섬들과는 다른 형태의 공간적 특징을 보여서 이곳에서 탐미는 색다른 재미를 가져 볼 만한 것들이 많다. 섬 투어를 시작하고 시간이 더해 갈수록 더 많은 공간을 찾아가니 스토리에 대한 의미가 다양해지고 흥미도 더해 간다.

백일도와 옥금도

　백일도는 고흥군 과역면 백일리에 있고 독대마을 동쪽에 있다. 내백일도, 외백일도, 소백일도로 되어 있었으나 제방으로 모두 연결되어 백일도라 부르게 되었다. 면적은 2.06㎢이고 해안선 길이는 8㎞이다. 조선 후기의 문헌에 따르면 이 섬을 박길도라 하고 섬의 둘레가 50리라 기록되어 있다. 섬 주변은 작은 무인도가 약 30여 개 분산되어 있고 동쪽으로는 여자만이라는 섬이 있다. 그곳은 어패류가 풍부하고 양식업이 발달해 있다. 섬 안에 '해나리'라 부르는 일월명지가 있어 밝고 흰 것을 나타낸다는 뜻으로 한자어로 백일도라 했다. 지질은 주로 산성 화산암류로 형성되어 있다. 사질해안이 많고 간석지가 넓게 발달되어 있다.

9월 말 고흥군으로 들어서 군도를 따라 차를 몰고 가는데 산수가 아름답고 황금 들판이 눈에 들어온다. 멀리 팔영산이 보이는데 뾰족한 봉우리들이 연결되어 기암 절경이 멋지다. 아름다운 산세를 보니 산을 오르고 싶은 맘이 꿀떡같이 생각난다. 해안으로 근접하자 독대리에서 옥금도로 들어가는 길목에 모래톱이 길게 펼쳐져 있다.

모래톱은 살아 꿈틀대는 생명체이다. 밀물과 썰물과 해풍이 모래톱을 먹이고 키워낸다. 때로는 모래톱 스스로 커지거나 모래톱끼리 붙어서 커지고 어느 날 불쑥 새로운 모래톱이 수면 위로 생겨나기도 한다. 옥금도는 모래톱을 품어 주는 엄마 같은 모성을 가지고 있는 섬이다. 자연이 키워내는 모래톱 모습을 보고 있노라니 자식들 걱정하는 어머니 생각에 가슴이 먹먹해진다.

여수시 여자만 쪽 무인도를 뒤로하고 멀리 양식장을 관리하는 배들이 보인다. 막대기가 꽂혀 있는 걸 보니 김을 키우는 김발인지, 꼬막을 키우는지, 피조개를 키우는 것인지, 생각하니 갑자기 시장기가 돈다. 섬에서 해산물을 먹는 것은 섬을 여행하는 사람들만의 특권인지 모른다. 고깃배들도 서두를 것이 없다는 듯 유유자적하다. 삿갓을 쓰고 있는 무인도는 선비처럼 바다위에 앉아 정중동하고 명상을 하고 있는 듯하다.

옥금도 앞에 아기섬이 보인다. 이곳은 많은 종류의 바닷새가 서식하고 있다. 먹이가 풍부해서인지 새들에게 하늘과 바다가 놀이터가 된다. 오늘은 날씨가 좋아서인지 먼 바다로 새끼들을 데리고 소풍을 갔나 보다. 사람이든 날짐승이든 가족은 서로에게 늘 힘이 된다.

옥금도에서 백일도로 들어가는 동쪽을 보면 해식으로 떨어져 나온 형제 무인도가 물이 빠지니 냅다 손을 내민다. 백일도 해안을 여유를 가지고 천천히 걸어가면서 우울해 있는 바다를 본다. 하늘도 우울하고, 떨어져 있는 바위섬도 외로워 보이고, 바닷물 색도 우울하다. 온통 짙은 파란색 때문인지 내가 표현을 잘못했는가 싶다. 뭔가 깊은 사

색에 잠겨 있는 듯한 분위기랄까. 이 길을 걸어가면 마음이 차분해지고 그동안 소원하게 지냈던 사람이 생각나기도 한다. 진지도에서 마주 보는 섬의 풍경을 찬찬히 보니 마음의 여유가 한층 더 생겨난다.

섬 색깔을 바꾸어 놓은 황금 들판, 흰색 담장을 둘리치고 있는 나지막한 집들, 이랑을 뒤덮고 땅속에는 주렁주렁 고구마를 달고 있을 고구마 순, 영역을 표시하기 위해 갯벌 속에 박혀 있는 말뚝, 주름살 하나 없이 잔잔한 바다, 그곳을 바라보고 있는 나를 연결해 주는 해안선이 고맙다. 무언가  를 이어 준다는 것은 고마운 일이다. 그 대상이 사람이든 사물이든. 여정의 끝에는 섬과 바다와 내가 하나가 된다는 생각이 들고, 밤낮없이 날씨가 좋아서 배만 뜨면 내가 카메라를 메고 섬을 탐미하러 가는 것은 행복한 일이다. 그리고 여행할 섬을 선택하고 계획을 짜는 일은 나의 삶을 흥미롭게 해 주고 즐거움인지라 늘 감사한 마음이다.

IV부 / 겨울

📍 천황산의 두미도

두미도는 통영시 욕지면에 속하는 작은 섬이다. 남해와 욕지도의 사이에 자리하고 있다. 면적은 5.03㎢이고, 해안선 길이는 11㎞이다. 섬 전체가 하나의 구릉으로 이루어져 있다. 동쪽과 북쪽의 일부를 제외하면 급사면이다. 최고봉은 높이 467m의 천황산(天皇山)이다. 해안은 대부분 깎아 세운 듯한 해식애로 되어 있어 선박의 접근이 쉽지 않으며, 연안의 평균 수심은 20m이다.

섬 전체는 상록활엽수인 동백나무가 많이 우거져 있다. 가장 수려한 풍광은 동쪽 동뫼섬에 기암괴석이 아름답고 남서쪽으로 일몰이 매우 아름답다.

섬사람들은 두미도의 頭와 尾만 있는 올챙이처럼 생겼다고 붙인 이름이다.《조선왕조실록》에는 '미륵이 머물다간 섬'을 뜻하는 둔미(屯彌)로 기록돼 있다. 기후가 온화하고 기암절벽을 이루는 곳이 많아서 해상관광지로 알려져 있고, 낚시가 잘되기로 유명하다. 감성돔과 농어, 볼락, 물메기 등은 고기가 나오는 계절만 잘 맞추어 오면 빈 바구니가 없을 정도이다.

두미도를 가려면 통영항에서 하루 두 번의 배편이 있는데 오전 7시와 오후 2시이다. 12월 오후 2시에 친구와 배를 타고 통영항을 빠져나오니 비진도, 추도, 사량도가 먼저 보인다. 40분쯤 항해를 해서 한바다로 나가서 노대도를 지나갈 때쯤 작은 무인도들이 옹기종기 모여 있다. 겨울 바다에 한려수도 아름다운 섬들이 정거장처럼 스칠 때 자세히 살펴보면 오랜 세월에 깎여 나간 바위 모양이 각양각색이다. 우리 인간의 얼굴 형상처럼 세월 따라 변해 간다. 무인도 바위섬들을 카메라 화각에 담는 사이 1시간가량 운행한 배는 연화도, 상노대도, 하노대도 기항지를 거쳐 두미도 북구 마을에 하선한다.

돌담집과 아름드리 동백나무 군락이 있는 섬 두미도는 남구마을과 북구마을을 한 바퀴 휘돌 수 있는 임도가 잘 나 있다. 바다를 보면서 섬을 한 바퀴 돌면서 탐미하는 데 약 4시간 정도 걸린다. 천황산을 끼고 아래쪽은 해안 절벽을 아래에 두고 산길을 걷는데 저 멀리에 짙푸른 창망 대해가 펼쳐져 있다. 동짓달 추운 계절인데도 오늘따라 포근한 날씨라서 걷기에 참 좋다. 서쪽에 보이는 남해군에 크고 작은 섬들이 짙푸른 바다 위에 그림처럼 떠 있는 듯하다. 인적 없는 작은 섬마을 산길에 바람 비린내가 나고 파도 소리가 울려 퍼지니 고요하고 평온함이 스며든다. 이런 자연 감성을 느낄 때가 에너지가 솟아나는 나의 스위트 스폿인 것 같다. 해가 서쪽으로 기울면서 붉디붉은 석양이 온 세상을 붉은 색채로 점점 물들인다.

잠시 후 두미도에 환상적인 노을 풍경이 드라마틱하게 펼쳐지니 흥분의 도가니가 된다. 카메라를 꺼내고 혼을 빼놓은 듯 이리저리 미친 듯 뛰어다니며 아름다운 석양과 노을을 화각에 넣는 작업을 한다. 이윽고 해는 수평선 너머로 사라지고 안타까운 순간이 지나간다. 하지만 빨간 노을이 수평선에 한동안 머물러 주니 감사하고 아쉬운 마음으로 그 순간을 좀 더 화각에 넣는다. 그러는 사이 어둠은 산길과 나무를 집어삼키고 적막이 내려앉기 시작한다.

망망한 바다에 작은 섬 산길에서 어두워져 약간 으스스한 느낌이 들었지만, 친구와 함께 있으니 마음이 든든하다. 그리고 청명한 하늘에 별들이 쏟아지면서 총총 빛나고 반달이 휘영청 밝게 비춰 주고 있어 바다 쪽도 훤하다. 고요하고 쾌적한 밤공기에 다른 세상에 온 듯한 감성에 묘취된다. 마을로 한참을 걸어 내려오는데 친구가 갑자기 허리가 아파서 걷기가 힘들다고 한다. 친구가 평소 허리 협착증이 있어 많이 걸으면 통증이 생기는 것 같다고 한다. 그래서 자주 쉬어 가기로 마음먹고 달빛 밝은 길섶에 앉아 옛날 그 시절 이야기를 하며 추억을 소환한다. 그러는 사이 남구 선착장 마을에 도착하니 밤 8시이다.

마을에 민박을 하는 숙소가 있어 문을 두드려 보는데 인기척이 없다. 섬에서 밤 8시는 한밤중이라서 걱정이 됐다. 마을 경로당으로 찾아가 보았더니 섬마을 주민들이 모여서 도란도란 이야기꽃을 피우고 있다. 민박을 부탁하니 숙소 방을 내어 주어서 저녁 식사까지 부탁했다. 주인아주머니가 평소 먹는 가정식 섬마을 백반에 생선찌개를 끓여 내주셨다. 시장기에 밥 한 그릇을 금세 비우고 막걸리를 곁들여 맛있는 저녁 요기를 하고 나니 기분이 세상을 다 가진 듯하다.

선착장에 나가서 섬마을의 밤바다와 별 내림과 고요한 정적이 흐르는 정취를 느껴 본다. 해안에 파도 물결 소리가 이따금씩 들려온다. 세상사 모든 상념을 잊고 밤바다멍에 빠져 명상에 잠기니 푸근한 마음에 더없이 좋다. 한참 있다 숙소에 들어와 드러누우니 노독 때문에 친구와 나는 금세 잠이 들었다.

다음 날 아침 6시에 서둘러 일어나 어제 돌지 못한 동쪽에 동뫼섬 방향으로 올라가서 아침 일출을 맞이하기 위해 기다린다. 7시가 넘어서야 해가 떠올랐지만, 날씨가 흐려서 해가 제대로 보이지 않아 멋진 일출을 보지 못해서 아쉽다. 두미도의 비경으로 꼽히는 동뫼섬의 기암 절경에 아침 해무가 살짝 껴 있어 신비로운 느낌이 들어 카메라를 꺼내서 화각에 넣어 본다.

두미도 하면 빼놓을 수 없는 곳이 산이다. 정상이 467m인 천황산은 통영 섬들 중에서 가장 높은 산이다. 한려수도 섬들의 아름다운 풍광을 조망하면서 오를 수 있는 등산 코스라서 많이 찾는다. 정상이 원추형으로 가파른 산세이고 암반 능선이 있어 산을 타는 재미가 있는 곳이다. 등산을 하라면 남들 못지않지만 이번 여정에서는 시간이 허락하지 않아서 오르지는 못해 아쉽다. 섬에서 아침 햇살을 받으며 동쪽 임도를 탐미하면서 걷다 보니 청석덱전망대가 나온다. 멀리 보이는 노대도와 욕지도 주변의 섬들이 파란 융단 위에 파노라마처럼 펼쳐져 있는 아침 풍경에 매료되어 한껏 심호흡을 해 본다. 배를 타고 한바다에 가서 느끼는 섬에서의 아침 공기, 파란 물결, 파도 소리, 바람 소리, 기암괴석, 나무숲은 자연이 주는 대서사시이다. 이는 그 어떤 것에 비길 바 없는 섬이 주는 감동이라는 가치로 내게 다가온다.

연화도의 이웃 우도

　제주도에만 우도가 있는 게 아니다! 우리나라에는 제주, 통영, 진해, 완도, 고흥, 서산, 옹진 등 일곱 개의 우도가 있지만 통영 우도는 사람들에게 잘 알려져 있지 않다. 사람들은 우도하면 제주도를 먼저 떠올린다. 통영 우도는 제주 우도 다음으로 큰 섬이다. 우도는 통영시 욕지면 연화도에 속해 있는 미륵산에서 보이는 모습이 소가 누워 있는 형상으로 보인다 해서 우도(牛島)라 불렀다고 한다. 통영항에서 뱃길로 26㎞ 떨어진 연화열도에 속해 있는 작은 섬이다. 사람들 발길이 없는 탓에 자연환경이 잘 보전되어 있다.

　1월 1일 통영 삼덕항에서 욕지행 도선을 타고 출항하였다. 오늘은 연화도와 연결되어 있는 우도에서 일몰을 찍고 새벽에 일출을 보려 한다. 삼덕항을 빠져나가면 먼저 미륵도, 곤리도기 보인다. 배기 점점 한바다로 나아기면 학림도, 져도, 만지도, 외부지도, 추도, 노대도 등 한려수도를 눈 구경 시켜 주면서 파도 물결은 사람을 두근두근 흥미롭게 한다.

　연화도항에 도착해서 우도로 연결된 구름다리로 발걸음을 재촉한다. 연화도, 반하도, 우도는 두 개의 인도교로 연결되어 있고 해안 오솔길에 동백나무가 쭉쭉 뻗어 있다. 우도에 들어서면 동백나무 숲이 우거져 동백꽃 터널을 이루고 있고 바닥에는 붉디붉은 꽃잎을 밟고 가지 않을 수 없도록 쌓여 있다. 마을 길로 접어들며

발견한 작은 식당에 들어가서 점심을 시키니 해초비빔밥을 맛있게 해 준다. 이 섬을 찾아오는 낚시꾼, 사진작가들이 찾는 알려진 곳이다. 시장기를 채우고 민박까지 묵을 수 있다고 해서 방을 마련해 두고 다시 길을 나섰다. 몇 가구 되지 않는 낡은 가옥과 돌담 사이를 지나 고갯마루까지 오르막을 오르다 보면 수령이 오래된 동백나무가 군락을 이루고 있어 동백 개화기에는 또 하나의 멋진 볼거리가 된다. 고개를 넘어 서쪽 해안으로 내려가는 길에 짙푸른 바다가 보이고 하얀 펜션도 하나 나타난다.

　이곳은 몽돌해수욕장이 펼쳐져 있고 저 멀리 작은 섬들이 여럿 보인다. 지금은 겨울이라 사람들이 없다. 깨끗하고 맑은 바닷물을 혼자 독차지하게 된 기분은 문자나 말로 표현할 수 없다. 그냥 좋다! 푸른 하늘과 청돌에 반사된 푸른색이 바다를 더욱 푸르게 만든다. 이런 에메랄드빛이 사람들을 몽돌해수욕장으로 모이게 한다. 해안 산책로에 데크가 잘 만들어져 있고 군데군데 앉아서 쉴 수 있는 벤치가 있다. 이 벤치에 앉아 맥주 캔을 하나 따 들고 바다를 보며 느림의 미학을 즐기는 사람이 있다면 행복한 사람이 아닐까 생각해 본다. 우도에서 나같이 풍경을 카메라에 담기도 하고 분위기를 즐기는 사람도 있지만, 가족들과 텐트를 치고 밤에 별을 보고 싶은 사람도 있고, 스노클링 장비를 준비해 와서 바닷속을 들여다보고 싶은 호기심 많은 사람들도 있다. 우도에는 이런 사람들이 모이는 곳이다.

우도 가까이에는 고만고만한 돌섬이 두개가 있다. 구멍이 크게 뚫려 있는 구멍섬과 목섬이 있다. 구멍섬은 해가 떠 오는 시간이 되면 햇빛이 구멍 안으로 들어오는 광경을 보려고 오는 사람들이 많다. 새해가 되면 일출과 일몰의 자연의 신비로운 광경을 찍기 위해 많은 카메라맨들이 이곳을 찾는 이유일 것이다. 나 같은 평범한 셔터들은 시간만 허락하면 들어온다.

섬을 둘러보는 사이에 해가 벌써 기울고 노을이 지기 시작했다. 우도 서편 해안 절벽 끝으로 가기 위해 나무숲 사이로 한참 비집고 걸어가니 바위 사이로 석양이 저물고 있다. 카메라를 얼른 눈에 갖다 대고 화각을 잡아 보고 위험천만한 절벽 낭떠러지 암반 사이로 위치를 잡는다. 멀리 섬 사이로 석양이 떨어지는 장면을 연신 렌즈에 담는다. 정신없이 작업을 하다 보니 해가 수평선에 넘어가고 순식간에 주위가 어두워졌다. 섬에서는 어둠이 빨리 내린다. 오솔길이 보이지 않는 산길을 다시 헤집고 기억을 더듬어 겨우 마을 길로 접어들어 식당에 도착하기까지 제법 헤맨 것 같다. 저녁 식사에 생선회를 달라고 해서 막걸리 한잔하면서 맛있게 먹고 나니 긴장이 풀리고 졸음이 난다. 주인장에게 내일 새벽 배를 태워 달라고 하고선 새벽 작업 때문에 서둘러 잠을 청해야 했다.

다음 날 오전 5시 30분 알람이 울리자 벌떡 일어나 장비를 배낭에 넣고 선착장으로 나가니 칠흑같이 어두운 밤바다에 선장이 배에 시동을 걸어 두고 기다리고 있다. 배가 파도를 가르고 먼바다로 나가며 찬 겨울 바닷바람이 세차게 얼굴에 부딪혀도 아랑곳하지 않고 선두를 동쪽 목표 지점 방향으로 가자고 한다. 평소 매물도가 보이는 수평선 방향으로 일출이 올라오는 장면이 장관이라서 렌즈에 꼭 담고 싶은 마음이 간절했다. 7시경이 되자 동쪽 수평선 하늘이 불그스레 색조를 띠기 시작한다. 이때 수평선상에 여명이 길게 펴져 있어 해가 정확히 어느 부분에 올라올지를 가늠하기가 쉽지 않다. 일출 장면을 촬영해 본 경험으로 수평선 붉은 하늘 중에 가장 짙은 부분에서 해가 올라오기 때문에 배를 그 방향으로 이동시키도록 해서 그 지점 바다를 카메라 화각에 넣어 보고 기다린다. 20~30분여 기다릴 즈음 여명이 짙어지면서 커다란 붉은 쟁반이 물속에서 쑥 올라오기 시작한다. 파도가 울렁대는 갑판 위에서 카메라 셔터를 연신 눌러 댄다.

약 30분가량 파도에 흔들리는 배와 씨름하면서 카메라 렌즈를 눈에 붙였다 뗐다를 끊임없이 해 댄다. 배를 좌우로 이동시키며 섬과 태양을 가장 멋지게 화각에 넣어 놓고서 정지된 공간과 순간을 만들어 내려 혼신의 힘을 다해 본다. 수백의 컷을 찍고 더이상 촬영에 의미가 없다고 느껴질 때 선장에게 선착장으로 출발하자고 한다. 한려수도 섬들 사이 한바다를 헤집고 항으로 돌아올 때는 어부가 만선을 이룬 마음처럼 뿌듯한 느낌이다. 오늘 일출을 찍기에는 좋은 날씨였고 해가 매우 또렷해 보였다. 한바다에 파도가 넘실대는 야생의 작은 배 위에서 순간을 정지시키는 것은 사실 쉽지 않아서 악조건의 작업이다. 이를 극복하고 배를 타고 이동하면서 작은 섬들을 화각에 넣고 더욱이 파도가 일렁이는 해상이라는 공간에서 일출을 순간적으로 정지시키는 작업은 새로운 시도이다. 이런 바다와 섬 투어 작업은 대자연의 아름다운 공간의 다양성을 탐미하게 해 준다. 그리고 나에게 새로운 가능성에 대한 도전적 의미를 가질 수 있는 기회가 되어 점점 흥미롭고 또 다른 작업이 기다려진다.

민화를 보는 듯한 보길도

　완도에서 서남쪽으로 23.3㎞ 떨어져 있고, 노화도 남서쪽 1.1㎞ 지점에 있다. 면적은 32.99㎢, 해안선 길이는 41㎞이다. 인구는 약 2,000명 정도이고, 윤선도(尹善道) 유적지로 유명하다. 지질은 완도, 청산도, 노화도와 같이 백악기 또는 제3기에 속하는 탄질유문암으로 구성되어 있다. 지형은 남쪽의 적자봉(赤紫峰, 425m), 동쪽의 광대봉(廣大峰, 311m), 서쪽의 망월봉(望月峰, 364m) 등 전역에 산지가 발달하고 있으며 각 사면은 급경사를 이루고 있다. 섬 중앙에 협소한 저지가 있어 경지로 이용되고 있다. 이곳은 난류의 영향으로 온화한 해양성 기후를 나타내며, 상록수림이 분포하는 난온대성 기후대에 속한다. 식생은 적자봉을 중심으로, 남사면에는 붉가시나무 군락이, 북사면에는 구실잣밤나무 군락과 곰솔 군락이 분포하고 있으며, 특히 섬 곳곳에 동백나무 군락이 있다.

보길도에 빼어난 경치로는 동쪽엔 천연기념물로 지정된 예송리해수욕장이 있다. 상록수림이 장관을 이루는 예송리해수욕장은 작은 자갈이 깔려 있고 예작도가 보이는 풍광이 멋지다. 남쪽으로는 뾰족산인 보축산이 있고 공룡알해변에 동백나무 군락이 빼곡한데 마치 다른 행성에 온 듯한 느낌을 준다. 서쪽엔 무인도 섬들이 있는 저녁노을이 아름답다. 11월 아침 해남 땅끝마을을 향해 4시간을 달려간다. 해남군 땅끝항에 도착해서 배를 타고 출항을 한 후 약 40분 정도를 가는데 아름다운 다도해 섬들이 여기저기에서 눈 호강을 시켜 준다. 보길도와 노화도는 연륙교가 설치되어 있어 차를 가지고 노화도에 먼저 하선한다. 노화도에서 차를 가지고 육로로 곳곳을 탐미하면서 보길도로 점점 들어가기 위해서다.

노화도가 제법 큰 섬이라 20분 정도 주행해서 연륙교를 지나 보길도로 들어선다. 서쪽 해안도로를 타고 바다 풍경과 섬을 둘러보며 가는데 작은 섬들이 나를 반겨 준다. 숙소부터 잡아야 해서 남쪽 제일 끝 해안가에 펜션을 잡아 두고 본격적으로 섬 탐방에 나선다. 펜션 가까이에 있고 해안에 접해 있는 산봉우리가 뾰족한 보축산은 이색적이고 그림 같다. 절벽 암반에 걸린 해송이 특이해서 해안 절벽을 타고 가까이 가 보니 바위에 뿌리를 내리고 있어 화각에 담아 본다. 무수한 날들을 해파와 강풍을 이겨 내며 외로이 서 있다. 절벽에 서서 주변을 살펴보니 파란 바다가 넘실대고 있고 바람 비린내가 난다. 작은 해송의 모습에서 기개가 느껴지고 무언가 메시지를 던져 준다. 외로움, 고통, 인내 그리고 사랑을 이루라는….

공룡알해변으로 가는 길목에 보옥마을이 있고 가구 수가 제법 되는데 인적이 별로 없다. 마을 뒷산에 해안에서는 보기 드문 낙락장송이 멋지게 군락을 이루고 있다. 동백나무 숲도 군락을 이루고 구실잣밤나무도 보인다. 숲길을 지나자 해변과 파란 바다가 그림처럼 펼쳐져 있고 고즈넉하다. 공룡알 같은 제법 큰 몽돌들이 넓은 해변을 이루고 있다. 수평선 방향엔 불무섬과 치도가 나란히 망망한 바다에 치솟아 있어 조화를 이룬다. 해변 뒤쪽으로는 빼곡한 동백나무 숲은 쉬어 가기 좋은 그늘을 내어 준다. 밀려오는 파도에 몽돌 구르는 청아한 음률은 고요한 울림을 주어 머릿속을 맑게 해 준다. 이런 곳에서 쉬고 있으면 세상사를 잊고 자연과 한 몸이 된 듯한 느낌이다.

　어느새 해가 서편으로 기울기 시작한다. 일몰을 보려고 발길을 돌려 땅끝전망대로 간다. 해변에서 서쪽을 바라보니 갈도, 옥매도, 상도 등이 저만치 보이고 아스라이 멀리에 진도군에 섬들이 보인다. 해가 수평선으로 내려갈 즈음 해변으로 다가가서 멋진 낙조를 화각에 담을 수 있는 장소를 물색한다. 섬과 섬 사이에 석양이 지는 장면을 화각에 넣어 보려 이리저리 다녀 보고 안간힘을 다해 본다. 해가 수평선 가까이 내려왔지만 구름에 가려 아름다운 일몰을 보기 힘들 것 같은 날이다. 하지만 이곳은 노을이 아름답게 지는 일몰 포인트의 섬이고 먼 길을 달려온 기대감에 해가 보이지 않을 때까지 계속 시야를 떼지 못하고 기다려 본다. 끝내 만족스런 장면을 담아 보지 못해서 아쉬움을 느끼고 만다. 생생한 야생을 사진에 담으려는 작업은 날씨, 시간, 순간 포착, 환경이 그때마다 달라지기 때문에 쉽지 않다. 땅거미가 지고 주변은 어두워져서 서둘러 숙소 식당으로 향한다. 이번 여정은 장거리 이동이라 지인이랑 둘이서 동행해 와서 고마운 마음에 회와 막걸리를 시켜 놓고 그윽하게 즐긴다. 고산이 즐기던 유서 깊은 보길도에서 소싯적 이야기꽃을 피우며 밤을 보내고 여독을 푼다.

　다음 날 아침 동이 트지도 않은 새벽녘에 일출을 맞이하려고 동쪽 예송리로 향한다. 근데 흐린 하늘이라 멋진 일출을 보기가 쉽지 않을 것 같다. 수평선을 바라보며 바다 중간쯤에 섬을 위치할 수 있는 화각이 좋은 곳을 서둘러 찾는다. 자리를 잡고 카메라를 설치해서 해가 떠오르기를 기다린다. 일출 시간이 지났는데도 해를 볼 수가 없어 아쉬움이 밀려온다. 구름이 낀 회색빛 하늘은 나의 기대를 저버리고 만다. 그래도 늦게 떠오른 해를 화각에 담아 본다. 매번 느끼지만 자연이 허락하지 않으면 멋진 일출 장면을 카메라에 담을 수가 없다. 자연이 주는 환경과 조건에 순응하며 최선을 다해 작업하고 그 결과를 받아들여야 한다. 일출 작업을 마무리하고선 호젓한 예송리 해변에서 아침을 맞이한다. 상록수림이 해변을 감싸면서 그늘을 만들어 주고 방풍림이 되어 주고 있다. 해수욕장엔 청환석들이 넓게 펼쳐져 있는 아침 바다를 산책하며 사색에 빠져 본다. 바다 쪽엔 갈미섬, 기도 등의 작은 섬들이 손에 잡힐 듯한 거리에 있고 청정해역에 어업을 일구는 돛단배들이 떠 있다. 마을 돌담길은 어릴 적이 생각나는 정겨운 섬마을 풍경으로 다가온다. 고산 윤선도 선생이 보길도의 자연경관에 감동하여 머물던 운치가 여기저기에서 느껴진다. 많은 사람들이 남해안 다도해의 이 아름다운 경관에 대하여 잘 알려지지 않아서 더불어 누리지 못한다는 생각에 안타까운 마음이 든다. 하루 빨리 아름다운 섬들을 널리 알릴 수 있는 날이 도래하기를 기대해 본다.

환상의 섬 신안 자은도

　자은도는 암태도 옆에 위치하고 아홉 개의 백사장, 너른 들판이 펼쳐진 섬으로 전국의 섬들 중 열두 번째로 크다. 면적은 52.790㎢, 해안선 길이는 56.8㎞이며 인구는 1,305세대, 2,407명이다. 자은도 근해에는 작은 섬들을 조망할 수 있고 아름다운 해변들이 많은 곳이다. 천혜의 바다라는 자원을 가지고 있지만, '해변산중'이라는 말이 실감나는 곳이다. 모래가 거센 파도와 바람에 밀려와 사구를 이룬 곳들의 지형변화가 있었고 간척지가 많은 곳이다.

　목포에서 천사대교를 건너오는데 안개가 자욱해서 멀리 희끗희끗하게 보이지만 여기저기 많은 섬들이 반겨 주는 듯하여 흥미가 생긴다. 들판 사이로 길을 한참 가니 교량이 또 하나 보인다. 은암대교는 자은도로 들어서는 나들목이다. 오른쪽으로 '역사와 자연관광의 자은'이라 적힌 커다란 표지석이 있고 그 맞은편 왼쪽에 나무를 박아 만든 계단을 타고 오르면 은암정이라는 팔각정자가 있다. 다리 위에서 바라보는 조망도 아름다운데 한쪽으로는 아름다운 남진포구가, 다른 쪽으로는 암태도의 풍광이 눈에 들어온다. 은암대교 위에서 바라보는 낙조는 일품이다. 다리를 건너 모래해변으로 다가가 보니 바다에 작은 바위섬과 돛단배의 풍경은 아늑한 어촌마을의 정취를 느끼게 해 준다.

자은도는 아름다운 해변들이 많으며 넓은 모래사장이 무려 9개나 된다. 모두가 섬의 서쪽에 위치해 있어 멋진 석양과 노을을 볼 수 있는 곳이 많다. 거의 모든 백사장이 ㄷ자
형태의 해안선에다 기암괴석과 시원한 소나무 숲으로 둘러싸여 포근한 분위기를 만들고 있다. 백길해수욕장은 눈부신 하얀 백사장으로 유명하다. 규사 성분이 많아 백사장은 희고 단단하다. 주변의 기암과 어울려 멋진 풍광을 연출한다. 3㎞가 넘는 해안선을 따라 고운 모래사장이 끝없이 펼쳐지고 수심이 얕아 가도 가도 끝없는 모래밭이다. 광

활한 해안선을 따라 펼쳐진 고운 모래사장은 주변의 소나무와 잘 어우러져 있다. 분계 해수욕장은 바다 건너 철새 서식지로 유명한 칠팔도 앞바다의 풍경이 아름답고 노송 군락이 장관을 이룬다.

　둔장해수욕장에서는 소나무 숲에서 야영할 수 있다. 백사장 앞 할미섬에는 독살의 흔적이 남아 있는데 둔장마을 앞바다에 자리한 약 10만 ㎡에 이르는 동양 최대 규모의 독살은 원시 어업 형태가 그대로 보존되어 있다. 독살은 바다에 친 돌 울타리로, 밀물 때 돌 울타리 안에서 노니다가 썰물 때 미처 빠져나가지 못한 물고기를 잡는 방식이다.

　둔장해수욕장 북쪽으로는 아름다운 바다 풍경을 보며 걸을 수 있는 아름다운 해안누리길이 있다. 해안을 끼고 있는 임도(林道)는 천혜의 해넘이를 보며 사색에 빠지기 좋은 길이다. 봄에는 야생화들을 보면서, 여름에는 피톤치드를 마시면서, 가을에는 단풍과 함께 노을이 아름다운 절경이다. 오늘은 약간 눈발이 날리고 있어서 운치 있는 겨울 바다를 호젓하게 걸으니 시라도 한 수 짓고 싶어진다.

　아름다운 풍광에 빠져 화각에 넣고 즐기다 보니 어느새 해가 기울어 수평선 근처로 내려앉으려 할 즈음 해안으로 서둘러 내려갔다. 오늘이 때마침 썰물이 아주 많이 빠져나가 있고 평야처럼 넓은 모래사장이 촉촉했다. 하늘엔 약간의 구름이 낀 상태로 붉은 해가 수평선 근처에 이르자 하늘이 점점 붉어지고 황금빛 노을이 해수면에 특이하게 반사되고 있다. 처음으로 맞닥뜨린 흥미로운 노을 장면이 연출되어 눈앞에 펼쳐지고 있어 가슴이 뛰고 흥미가 치솟는다. 이렇게 아름다운 노을을 보긴 일생일대에 처음이다. 물이 빠져나간 더 넓은 모래사장에 작은 무인도가 볼록 올라와 있고 촉촉한 모래사장에 노을이 반영되어 황금빛으로 그림을 그리고 있다. 이런 대자연의 아름다운 현상을 어떻게 남겨야 할지 순간적으로 고민이 될 정도였다. 점점 해는 수평선으로 넘어간다. 우선 카메라를 들고 화각에 넣기 위해서 이리 뛰고 저리 뛰며 정신없이 셔터를 눌러 댄다. 이 순간과 공간은 순식간에 사라지기 때문에 일분일초가 아쉽고 영원히 볼 수 없을지도 모른다는 생각이 순간적으로 든다.

정신이 쏙 빠지도록 몰두하면서 촬영을 하다 보니 해는 이미 수평선을 넘어갔다. 해는 보이지 않지만 또 다른 색조로 해수면에 반사되어 황홀한 순간을 남기고 어둠이 짙게 깔려 버리고 만다. 칠흑의 어둠에서 약간의 달빛이 비추고 있어 육로가 있는 곳으로 이동하면서 생각해 본다. 사진 작업을 하기 시작한 이후 이렇게 아름다운 순간을 화각에 넣어 보기는 처음이다. 대만족을 느껴 기분이 너무 좋았다. 이 머나먼 길을 달려와 고생한 보람을 넘어 쾌감을 느낄 정도로 멋진 순간들을 관조할 수 있음에 자연과 모든 것에 감사한 마음으로 여정을 마무리한다.

📍 진도의 일몰 세방낙조

　2월 중순 저녁에 진도군에 폭설이 예상된다는 일기예보 소식에 주섬주섬 카메라와 배낭을 챙겨서 고속도로를 타기 위해 나섰다. 출발한 지 3시간여 동안 달려가니 밤 1시가 되어 진도대교를 지나는데 눈발이 제법 세차게 내리고 있다. 도로 바닥이 얼어붙어 타이어가 미끄덩거렸지만 조심스럽게 진도읍으로 들어가 우선 숙소를 잡아서 들어갔다. 내일 눈이 많이 올 경우를 고려해서 동선을 생각해 두고 안전 장비도 챙겨 둔다. 진도군에는 다도해해상국립공원이 있고 특히 지산면 가치리 해안 세방낙조 전망대에서 내려다보는 다도해의 경관은 압권이다. 가사도, 곡섬, 잠두도 등등 아름다운 섬들이 펼쳐져 있어 눈 덮인 겨울 섬을 보며 화각에 넣을 수 있다는 큰 기대를 하면서 잠을 청한다.

　다음 날 아침에 밖을 보니 눈이 제법 쌓여 있다. 지난밤에 출발을 잘했구나 하고선 눈발을 헤치고 해안 방향으로 출발했다. 진도읍에서 지산면으로 가는 군도에 차를 몰고 가는데 아름다운 가로수와 들판에 눈이 희끗희끗 하얗게 쌓여 있어서 옛날 고향처럼 운치 있는 풍경을 맞이한다. 어린 시절이 소환되면서 눈이 내리는 날에 좋아서 어쩔 줄 모르고 들판을 쫓아다니며 뛰어놀던 생각이 아스라이 떠오르고 두근거리기까지 한다. 근데 바람이 제법 세게 불면서 눈이 벌판에서 이리저리 휘날리고 있어 심상치 않은 예감이 든다. 해안가는 바람이 더 많이 불기 때문에 섬에 쌓일 틈도 없이 날려 버릴 수 있어서다. 해안으로 가는 도중에 언덕이 나타났고 눈이 쌓여 있어서 차가 미끄덩거린다. 눈길에 차가 미끄러지면 대형 사고가 날 수 있기 때문에 조심조심 운전해서 가다 보니 포구가 하나 보인다.

　차를 몰고 해안 길로 접어드니 갯벌이 나타난다. 인적이 드문 한적한 포구에 겨울바람이 불고 드문드문 흰 눈이 쌓여 있어 한겨울 느낌이 물씬 난다. 고개를 넘어서 해안 길 아래쪽에는 눈이 쌓여 있고 다도해가 보이기 시작한다. 하지만 하늘에는 눈바람과 해무가 잔뜩 끼어 시야가 보이지 않다가 시간이 지날수록 희끗희끗 파란 바다가 보인다. 한참을 지나서야 해무들이 걷히면서 다도해 섬들이 하나둘씩 시야에 나타난다. 세방낙조 전망대에서 하얀 눈이 휘날리는 다도해 천혜의 아름다운 풍광이 펼쳐져 보인다.

　하지만 눈은 내리는데 건너편 섬에는 눈이 소복하게 쌓이지 않고 날려서 희끗희끗한 정도의 풍경만 보인다. 해안을 탐미하듯 걸으며 섬들을 화각에 넣어 보는데 만족스러운 풍경이 아니다. 애타게 그리던 흰 눈에 덮인 겨울 섬으

로 다가오지 않는다. 실망스러운 마음이 들고 자연은 인간이 원한다고 해서 쉽게 내어 주지 않는다는 진리를 깨닫게 해 준다. 다른 해안 길을 헤메어 눈에 쌓인 섬을 찾아 보

지만 마음에 드는 풍경은 보이지 않는다. 다른 해변을 찾으려고 군도로 이동하던 중에 멀리 마을 뒷산 바위 봉우리에는 눈이 덮여 하얀 모자를 쓴 듯한 한 폭의 산수화를 보는 풍광이 멋지게 눈에 들어온다. 잽싸게 카메라를 꺼내어 화각에 연신 담아 본다.

온종일 해안을 돌아다니다 보니 어느새 해가 수평선으로 기울려 해서 다시 세방낙조 전망대로 달려간다. 사람들이 모여 있고 붉은 석양이 수평선으로 서서히 가라앉으면서 하늘과 바다를 붉은빛으로 물들이기 시작한다. 해수면에 반사된 붉은 노을빛 물결이 일렁이고 다도해 섬들도 붉은 옷을 입은 듯 존재감을 나타낸다. 드라마틱한 명화의 한

장면을 보듯 아름다운 셋방낙조의 일몰을 보면서 감성이 치솟고 숙연해지기까지 한다. 붉은 해가 물속으로 사라지고도 수평선 주위엔 붉은 노을이 가실 줄 모르고 긴 여운을 주고 나서 어둠이 짙게 내린다. 힘든 길을 헤치고 달려온 수고에 대한 보상을 한껏 누리게 되어서 자연에게 감사한 마음으로 여정을 되돌아간다.

폭설에 찾은 학암포 소분점도

　2월 1일 밤 9시 30분 뉴스 일기예보를 보는데 충남 지역에 폭설이 내리고 있고, 특히 태안군 해안에 눈이 많이 내린다는 소식에 주섬주섬 카메라와 배낭을 챙겨서 고속도로를 타기 위해 나선다. 출발한 지 3시간여 동안 달려가서 대전을 지나고 당진 방향으로 들어서니 눈발이 펑펑 쏟아지는 데다 도로 바닥이 얼어붙어 있다. 고속도로에 차들이 속도를 줄이고 비상등을 켠 채 고속도로를 달리고 있다. 빙판이 진 곳을 지나갈 때면 타이어가 미끈거려 섬뜩섬뜩 위태롭다는 생각이 들기도 했다. 하지만 오랜만에 눈다운 눈을 맞으며 섬 풍경을 찍을 수 있다는 일념으로 가득 차 조심스럽게 운전을 해 간다.

새벽 2시 반이 넘어서야 태안반도 부근에 도착해서 숙소를 찾아 들어갔다. 눈길을 달리느라 긴장된 어깨와 허리가 뻐근해서 욕조에 들어가 몸을 녹이니 노독이 그나마 풀리는 듯했다. 그리곤 카메라 장비

를 점검한 후에야 잠자리에 들 수 있었다. 아침 8시에 숙소를 나서 아침 요기를 할 수 있는 식당을 찾아 나서는데 인적이 드문 시골인 데다 한겨울이라서 식당을 찾기가 쉽지 않다. 해수욕장 방향으로도 가 보았지만 아직 문을 열지 않은 식당이 대부분이다. 이곳저곳 다니다 백반집이 눈에 띄어 들어간다. 김치찌개 백반을 주문해서 먹는데 시장기가 반찬이라 시원한 김치찌개 국물이 어찌나 반갑던지 맛있게 먹었다. 오늘도 하늘엔 눈이 계속 펑펑 내리고 있다. 피곤한 줄 모른 채 기분이 들뜨고 힘이 나서 얼른 장비를 챙겨서 목적지로 나선다.

출발하기 전에 미리 조사해 둔 지도상의 위치로 차를 몰고 해안 길로 찾아가 본다. 바닷가를 둘러싼 곰솔숲 해송 군락이 바람을 막으며 늘어서 있다. 그사이로 모래톱이 넓게 깔린 해수욕장이 펼쳐져 있다. 하얀 눈발이 날리고 있어 반가운 마음이 들떠서 이번엔 제대로 왔구나 싶었다. 차에서 내려 호기심이 가득한 마음으로 백설의 아름다운 해변으로 다가가 본다. 눈 덮인 모래사장과 푸른색의 바다가 시각적으로 이색적인 풍경이라 너무 맘에 든다. 인적 없고 호젓한 기분이라 잠시 명상에 잠겨 본다. 고생한 끝에 바닷가에서 눈을 밟으니 어린 시절로 돌아간 듯 기쁘고 그저 즐겁기만 하다. 하지만 찬찬히 풍경을 살펴보고 나니 기대했던 느낌의 풍광이 아니다.

눈에 쌓인 하얀 섬을 찾으려는 집착이 강렬해서 다른 풍광을 찾으려 발길을 돌린다. 또 다른 시야에 보이는 언덕 방향으로 해안 길을 넘어 탐미해 보아야겠다는 생각으로 비포장길로 차를 몰고 가 본다. 그런데 눈이 쌓여 있는 오르막 오솔길에서 바퀴가 계속 미끄러져 헛돌면서 차가 앞으로 나아가지 못하고 제자리걸음을 한다. 아침에 서둘러 나오면서 스노 체인을 미리 끼워 두지 않아서였다. 차바퀴 앞뒤로 흙을 부어 놓고 조금씩 움직이기를 30여 분 동안이나 안간힘을 다 쓴 끝에 다행히 자동차를 움직이는 데 성공했다. 어쩔 수 없이 차를 아예 안전한 곳에 정차해 두고 도보로 걸어서 해안 길로 내려가 본다.

　해안 바닷가에는 썰물 시기라 모래벌판에 갯바위들이 드러나 있는데 파도가 조금씩 세차게 해안으로 밀려들고 있는 걸 보니 밀물 시간이 가까운 듯하다. 그곳 해안가에서 바위섬이라도 찾으려고 둘러보던 중 암반에 볼록 튀어나온 갯바위에 작은 해송이 보인다. 소담스러운 솔잎에 눈꽃이 피어 생기 찬 그 모습이 너무도 반갑다. 어렵게 헤매어 찾아온 끝에 작은 위안을 주니 어찌나 감사한지 카메라 셔터를 몇 번이고 눌러 화각에 담는다. 하지만 어젯밤 눈길을 달려오면서 상상한 기대감에는 미치지 못해서 아쉽다. 파란 바닷물을 배경으로 멋진 풍광에 하얀 섬을 담아 보려는 간절함과 어젯밤 눈길을 달려온 고생이 생각난다. 그래서 점심 식사를 한 후에 또 다른 해안을 찾아 차로 10분 정도 거리에 있는 학암포 해안으로 탐미하러 간다.

　학암포 해안에 다다르자 고운 모래톱이 펼쳐진 해변이 보이고 눈보라가 세차게 몰아치며 강한 바람이 엄습한다. 차 안에서 잠시 바닷가를 바라보니 멀리에 풍광이 멋진 바위섬이 눈에 들어와 반가워서 차에서 내린다. 해안 주변을 살피면서 모래사장으로 내려가 보니 눈이 쌓이다가 물기에 눈이 금방 녹아 버리곤 한다. 바닷가에 고운 모래톱이 깔려 있고 수평선 쪽 바다에 고대했던 바위섬 하나가 우뚝 솟아 있다. 바위 위쪽에는 해송이 빼곡히 들어서 있는데 워낙 바람이 세차게 불고 있다. 세찬 바람에 눈이 다 날리니 눈꽃을 볼 수 없는 상황이다. 머릿속에 그려 왔던 풍광의 해안가에 멋진 바위섬이 펼쳐져 있고 눈보라가 휘날린다. 한데 정작 눈이 쌓인 광경을 볼 수 없다는 아쉬움에 또 한 번의 실망감이 엄습한다. 그래서 눈이 펑펑 쏟아지기만을 기다린다. 풍광의 아름다움에 젖어서 머릿속에 고대한 장면을 그려 보지만 이내 파편이 되어 흩어진다. 그러고는 오랜 세월 동안 변화무쌍한 바다 가운데에서 자연에 순응하는 바위섬이 너무 아름다워 화각에 넣어 본다.

　펑펑 눈이 더 내리기를 한참 기다리면서 물이 빠진 모래벌판으로 다가가 본다. 모래와 바위틈 사이에 해초, 고둥, 게, 조개 생물들이 널려 있다. 파도가 조금씩 해안으로 밀려들면서 밀물 시간이 된 듯하자 이것들은 다시 생기를 찾으며 바다로 되돌아갈 순간만을 기다리고 있는 듯하다. 인간과 모든 생물들은 우주의 섭리에 따라 변화되고 복원하는 생태 구조는 다를 바가 없는 것 같다. 주변을 돌아보니 어느새 어둠이 내리고 수평선에 석양이 내려앉기 시작한다. 바위섬 뒤쪽 수평선에 오묘하리만치 아름다운 색감의 노을 풍경을 연출해 주고 있다. 드라마틱한 일몰 순간을 바라볼 수 있다는 깊은 행복감에 빠져든다. 다시 카메라를 눈에 붙이고 셔터를 연신 눌러 댄다. 간절하고 지극한 노력에 대한 보상은 대자연이 꼭 보여 준다는 그 믿음을 다시 느끼며 어제의 피로가 눈 녹듯이 사라지니 감사한 마음으로 되돌아선다.

눈보라 속에서 찾은 할미도

1월 24일에 전남 신안군 지역에 눈보라와 폭설이 예상된다는 일기예보를 보고 길을 나서기로 마음먹는다. 한 주만 지나면 2월이라 이번 겨울에는 더 이상 많은 눈이 내리지 않을 거란 생각이 들었다. 하늘이 주신 기회로, 폭설 소식에 전남 목포시 신안군까지 4~5시간 소요되지만, 장비를 주섬주섬 챙겨서 길을 나선다.

신안군에는 1,004개의 보석 같은 섬들이 있어서 가는 곳마다 드넓은 갯벌, 은빛 백사장, 해송, 노을이 장관을 이루는 풍경을 볼 수 있어서 자주 가고 싶은 곳이다. 7.2㎞에 달하는 천사대교가 생기기 전에는 접근성이 어려워 베일에 싸여 있었다고 한다. 이 교량을 건너면서 차창을 내다보면 점점이 보이는 섬들과 아늑한 풍경에 감탄사가 나오지 않을 수 없다. 많은 섬 중에서 자연 풍경이 아름답고 가장 핫한 곳을 꼽자면 자은도(慈恩島)이다. 특히 이름난 해변이 아홉 군데나 있고 볼거리가 다양하게 있기 때문이다.

자은도에서 가장 서쪽에 있는 분계해변 근처에 숙소를 잡아 두었다. 하늘은 흐리고 눈발이 날리고 바람이 세게 불고 있어서 조심스레 운전해 오다 보니 약 6시간 가까이 달려왔다. 해가 기울어 서쪽으로 넘어갔고 땅거미가 지면서 어둠 속에 낯선 길을 가야 했다. 좁은 군도를 거쳐서 양옆에 대파밭이 있는 농로를 따라 한참이나 갔을까, 멀리 상점이 보이고 숙소 불빛이 나타난다.

눈보라와 강풍이 몰아치고 있어 서둘러 방에 들어가서 노독을 풀고 잠을 청했는데 건물 지붕이 들썩거리고 쾅쾅거리는 소리가 심상치 않았다. 주변에 숙소라고는 여기밖에 없고 날씨가 좋지 않아 이동할 수도 없어 잠자리에 들었는데 한동안 잠들지 못하다 늦게야 잠이 들었다.

깊은 잠은 못 잤지만, 아침에 서둘러 일어나 숙소에서 간단히 요기한다. 밖으로 나가 보니 눈보라가 세차게 몰아치고 해변에 하얀 눈이 소복하게 쌓여 있다. 카메라 장비를 챙겨서 둘러메고 가까운 분계 해수욕장 해변으로 나간다. 백사장 뒤편으로 울창하게 우거진 소나무 숲길이 나 있는데 오래전부터 바다에서 불어닥치는 해풍과 태풍을 막기 위한 방풍림으로 만들어져 있다. 오늘따라 눈과 바람이 엄청 거세서 몸을 가누기 힘들 정도이다. 카메라를 꺼내서 해송들 사이 숲길을 다가가니 세찬 눈보라가 소나무 용비늘 표피에 하얀 눈이 박혀서 백송이 된 듯한 모양으로 변해 있다. 그 장면을 화각에 넣어 촬영하는데 눈보라에 몸이 심하게 흔들리고 얼음장이 된 듯 추위가 엄습한다. 하지만 부산에선 보기 드문 현상이라 폭설을 타고 달려온 고생길이 머리에 스치면서 마음 한편에는 되레 흐뭇하다.

　잠시 후 모래 해변으로 내려가니 백사장에 하얀 눈이 소복하게 쌓여 순백의 세상이 되어 있고 멀리서 파도가 세차게 몰아치며 밀려들고 있다. 쉽게 볼 수 없는 풍경에 추위도 아랑곳하지 않고 무한 에너지가 솟아나서 카메라 셔터를 눌러 댄다. 그런데 바다 쪽에 보이는 성대섬은 눈발이 거세지만 워낙 세찬 바람 때문에 눈이 날아가 버려 희끗희끗한 정도였다. 기대했던 풍경이 아니라서 아쉬운 마음이다.

　파란 바다 위에 섬이 새하얀 눈에 덮여 초연한 겨울의 감성을 나타내야 한다. 그런 멋스러운 풍경을 애타게 그려 왔기에 약간의 실망감일까? 욕심이 생긴 거다. 어제까진 눈이 펑펑 쏟아지는 날씨에 섬을 한번 볼 수 있게 마음속으로 하늘에 빌어 왔건만 막상 그 풍경을 맞닥뜨리니 더 좋은 풍광을 찾고자 하는 인간의 심리가 발동한 거다. 그래서 다시 다른 멋스러운 해변을 찾아 나선다.

　눈보라 때문에 멀리 이동할 수가 없어 자은도 내 둔장해변으로 가기로 마음먹고 출발한다. 조심스레 차를 몰고 둔장해변에 도착하니 눈보라와 해무에 가려 한 치 앞도 볼 수 없을 정도의 바다 풍경이 나타난다. 차에서 내려 해변으로 걸어가 할미도와 연결하고 있는 보행교, '무한다리' 쪽으로 접근해 보았다. 그런데 내 앞의 형상도 볼 수 없는 짙은 해무가 껴 있고 눈보라가 치고 있다.

　외부 기온이 너무 낮아서 몸이 얼어붙을 정도였다. 차 안에 들어가서 날씨가 개기를 기도하면서 기다려 본다. 그리고 차 안에서 사색에 잠겨 본다. 원하는 풍경의 작품이 탄생하기까지는 순탄하게 이루어지지 않는 게 인생살이와 같구나 하고 생각이 든다. 한 시간쯤 지났을까? 해변 쪽으로 보니 무언가 형상이 점점 나타나기 시작하더니 해무가 걷히고 있다. 어서 차 안에서 내려 '무한다리(1,004m)'로 다가간다. 잠시 후 무한다리와 할미도가 점점 선명해지고 광활한 갯벌이 펼쳐 보인다.

　다리 주변에는 사월포 포구, 대두리도, 소두리도의 무인도, 풍력 바람개비들이 설치되어 있고 자연과 인공의 조화로운 멋을 탐미하기에 좋은 곳이다. 할미도로 건너는 무한다리에서 카메라를 들고 그렇게 고대했던 눈 덮인 섬 풍광을 화각에 연신 담아 본다. 그리고 무한다리로 달려가는데 중간쯤 이르렀을까 다시 해무가 드리우며 끼기 시작한다. 점점 앞이 보이지 않아서 아쉬운 맘으로 뒤돌아 나오며 안타까운 생각에 가득 찬다. 정말 힘든 여정과 날씨를 극복해 왔지만 하늘은 짧은 시간만 풍경을 보여 주어 또다시 여길 찾아와야 하나 하는 생각이 들어 힘이 쭉 빠지고 실망감마저 든다. 하지만 주변은 순백의 나라에 와 있는 듯하고 고요한 적막감에 속이라 사색에 빠져 생각해 본다. 지나온 여정에서 자연이 내게 보여 준 드라마틱한 순간들을 소환하며 자연에 순응해야지라고 느낀다. 그리고 그때 내 안의 순수한 영혼이 자존감을 찾아서 이만큼에 감사하라고 잡아 준다. 이번 출사의 어려움을 돌아보며 꼭 필요한 겨울 섬 풍경을 이 정도라도 담아 갈 수 있음은 대자연에 감사해야 할 일이라고 되새긴다.

곡망의 섬 백령도

　백령도는 서해 최북단 섬으로 인천항에서 북서쪽으로 약 178㎞ 떨어져 배편으로 약 4시간 소요된다. 오히려 북한과 가까운 위치에 있다. 북한의 장여군에서 약 10㎞, 장산곶에서 15㎞ 떨어져 있다. 섬의 최고봉은 해발 184m의 업죽산이며 동쪽에 145m의 남산이 있다. 섬의 남부에는 동쪽에 해발 130m의 이랑구미산, 서쪽에 해발 176m의 삼각산이 있다. 면적 45.83㎢, 인구는 약 오천 명 정도 된다. 과거에는 황해도 옹진반도와 이어져 있었으나 후빙기에 해면이 상승하면서 평원에 돌출되어 있던 부분이 수면 위에 남아 형성되었다. 본래 황해도 장연군(長淵郡)에 속했으나 광복 후 옹진군에 편입되었다. 원래의 이름은 곡도인데, 따오기가 흰 날개를 펼치고 공중을 나는 모습처럼 생겼다 하여 백령도라고 부르게 되었다고 한다.

백령도에 눈발이 내린다는 일기예보를 접하고 친구에게 연락해 1박 2일 일정으로 여행을 가자고 물으니 흔쾌히 따라가겠다고 한다. 그길로 집을 나서 차를 몰고 인천항으로 향한다. 백령도에 나선 것은 아름다운 섬과 기암들이 있고 특히 한겨울에는 눈이 많이 오는 지역이기 때문이다. 부산에서 5시간여 달려가서 인천항 연안부두에서 카페리오 배를 탔다.

　출항을 해서 서해바다 물살을 가르고 망망한 바다를 항해하는데 남해와 다르게 바닷물 색이 파랗지 않다. 선실에서 백령도 약도를 보고 촬영 작업할 코스를 짜 보고 먹거리도 살펴본다. 시간이 제법 오래 지나 시계를 보니 약 3시간이 지났고 망망한 바다를 배를 타서 많이 지루했는데 소청도 기항지가 보이고 멀리에 백색의 아름다운 등대가 나타난다. 그제야 답답한 마음을 뻥 뚫어 주는 시원함까지 느껴지고 배를 타고 여행하는 기분이 들었다. 다시 배가 약 15분쯤 항해를 하니 대청도가 보인다. 배를 타고 포구로 들어가는데 태고의 모습 그대로의 기암절벽이 보이면서 순수한 자연의 고고함마저 느껴진다.

마치 지구가 아닌 낯선 미지의 세계에 온 듯하다. 배는 잠시 기항해 몇 사람을 하선시키고 이내 포구를 빠져나온다. 약 30분 정도 더 항해를 하니 망망대해에 커다란 섬이 보이고 백령도 용기포항으로 배가 입항한다. 군부대가 있어서 인지 부두 규모가 제법 크다. 여객들과 군인들이 섞여 많은 사람들이 총총거리며 부두를 빠져나간다. 섬 투어는 정해진 배 시간까지 머무는 시간 요량을 잘해서 움직여야 한다. 그래야 배 시간을 잘 맞출 수 있기 때문이다.

 날씨가 흐리고 약간씩 눈이 날리고 있다. 백령도 남쪽 해안은 오랜 세월 침식되고 거친 파도 때문에 해식애가 잘 발달되어 해안이 아름답다. 백령항에서 가까운 사곶해변으로 먼저 방향을 잡고 탐미를 나선다. 이곳 사곶 사빈은 특수한 지형과 지질학적 특성을 지니고 있다. 사빈에는 모래 크기가 매우 작고 단단한 규조토 모래층이 형성되어 있다. 과거 전쟁 당시 천연 비행장으로 쓰인 적이 있다고 한다. 인적 없는 모래 해변 끝 쪽에 기암과 절벽 단애는 태곳적 느낌이 살아 있다. 해안도로를 좀 더 가서 콩돌해변이 펼쳐진 해안을 걸으며 앙증맞은 콩돌을 만져 보고 지그시 밟아 보니 뽀드득 소리가 난다. 파도가 밀려오고 나가면서 콩돌 구르는 소리가 자르르 거린다. 그 소리는 정말 청명하고 정겨운 소리여서 자꾸 듣고 싶다. 푸른 바다와 하얀 파도를 보고선 그 속으로 빨려 들어가서 정신을 빼앗긴다. 이런 풍경을 보고 일상으로 돌아가면 때론 그 잔상이 수일간 남아서 머리에 떠오르곤 한다. 다시 남쪽 해안 길을 사색을 하며 홀연히 걸어간다.

잠시 후 깎아지른 해안 절벽에서 떨어져 나간 작은 바위섬이 기묘한 모양으로 조각 예술품을 빚어 놓은 듯 아름답다. 카메라를 꺼내서 이 공간과 순간을 담아 본다. 그리고는 오랜 세월 동안 침식과 해파가 만들어 놓은 풍광에 자연명을 때려 본다. 이런 천혜의 아름다운 자연 걸작품들은 인간들이 관조할 수 있도록 해 주고 정서를 회복하게 해 주는 힘은 말로 표현하기 어렵다.

하늘에 해를 보니 서쪽으로 많이 기울어 두무진으로 발길을 돌린다. 두무진 마을에 도착해서 하늘을 보니 눈발이 약해서 쌓일 기미는 안 보인다. 마을 어귀는 사람도 없는 데다 휑하게 보인다. 포구에 다가가서 주민에게 배를 빌려 탈 수 없겠냐고 물었지만 날씨가 좋지 않아서 출항이 안 된다고 딱 잘라 말한다. 하는 수 없이 두무진 트레킹 길로 카메라를 들고 오르기 시작한다. 두무진은 뾰족한 바위가 모여 있는 모습이 장군들이 머리를 맞대고 회의하는 것 같다 하여 붙은 이름이다. 규암 성분의 암반이 오랜 동안 파도와 해풍에 깎여 빚어진 기암괴석들이 말 그대로 예술작품이다. 금강산의 만물상에 비견되어 서해의 해금강이라 불리기도 한다.

　사진기를 들어 아름다운 비경을 쉴 새 없이 화각에 넣는다. 하지만 두무진 바위에 눈이 소복하게 쌓여 있는 겨울 풍경을 기대했건만 눈이 날려 버리고 봄인지 겨울인지 화상에는 구분이 안 간다. 아쉬워하는 동안 두무진 뒤쪽 수평선에 붉은 낙조가 내려앉고 있다. 평생 잊지 못할 장소에서 낙조를 보니 흐뭇하기 그지없다. 구구만리를 배를 타고 와서 두무진 바위 사이에 환상적인 노을을 화각에 넣으니 너무도 행복하고 뿌듯하다. 근데 일몰 이후는 출입을 제한한다며 군인들이 나가 달라고 한다. 하지만 두무진 사이로 넘어가는 낙조가 너무도 아름다워 조금만 시간을 더 달라고 해 본다. 붙잡고 싶을 정도로 아쉬워서 연신 카메라 셔터를 눌러 댔고 해는 이윽고 넘어가 버린다. 그제야 하는 수 없이 어둑한 오솔길을 아쉬운 마음으로 내려온다. 나중에 그 풍경을 떠올리면 못 견디게 그리워할 붉은 낙조의 잔상이 선명하게 남은 특별한 하루이다.

　눈이 휘날리고 있는데 많이 쌓이지는 않는다. 섬에서 겨울밤은 스산하고 추위가 더 엄습해 오는 것 같다. 시장기가 작동해서 뱃속에서 꼬르륵하는 소리가 계속 울린다. 기다려 준 친구와 저녁 식사를 맛있게 하려고 맛집을 찾아갔지만 섬이라 일찍 문을 닫았다. 그리고 한겨울 백령도에서 식당은 대체로 일찍 문을 닫는 데다 먹을 게 마땅치 않다. 하는 수 없이 섬에서 고깃집에 갔는데 고기가 제법 좋아서 소주 한잔 곁들여 푸짐하게 먹었다. 그리고는 예약해 둔 펜션 숙소로 향한다. 밤 10시 정도 되어 숙소에 도착하니 통나무 구조의 숙소이고 번잡하지 않은 조용한 곳이다. 친구와 둘이서 사 온 맥주를 한잔 기울이면서 소싯적 이야기를 나눈다. 눈이 살금거리며 내리는 백령도의 운치 있는 밤이다. 잠자리에 들어 지난 일을 가만히 생각해 본다. 섬을 찾아서 투어를 하고 사진 작업을 시작한 지 벌써 2년이 지났다. 100여 개의 크고 작은 섬들을 탐방하면서 우여곡절이 많았지만 웬만큼 성과가 있어서 뿌듯했다. 마음 한편에서 정말 시작하길 잘했다 하고 스스로 박수를 쳐 본다. 그리고 백령도까지 와서 밤을 보내는 게 힘들지만 시간이 지날수록 흥미가 생기고 두근거린다. 이런저런 상상을 하다 어느새 잠이 들고 만다.

아침에 일어나 창밖을 보니 희끗희끗 눈이 쌓여 있다. 서둘러 배낭을 챙겨서 두무진으로 향했다. 두무진 트레킹 길로 올라가면서 혹시나 눈이 쌓인 풍경을 볼 수 있을까 하고 기대를 하며 빠른 걸음으로 걷는다. 벌써 눈앞에 두무진 바위들이 나란히 보이는데 바람에 눈이 다 날려 버려서 어제와 똑같은 모습이다. 휴! 한숨이 났다. 사진을 몇 장 화각에 담고서는 이내 내려와야 했다. 길을 나서서 어제 가 보지 못한 백령도 북쪽 해안으로 향한다. 해안도로를 타고 달리면서 창밖을 보니 북녘마을이 멀리 보인다. 이북 마을을 이토록 가깝게 보는 건 처음이고 가 볼 수 없어 안타깝게 느껴진다. 심청각이 있는 전망하기 좋은 곳으로 올라가자 저 멀리 심청이가 빠진 인당수가 보인다. 그 뒤 북녘에 장산곶마루가 지척에 있는 것처럼 느껴진다. 남북의 경계가 있는 바다에는 남북한 사람들은 근처에 접근하지 못하는데 중국 어선들이 자유롭게 누비고 있는 현실이 안타깝기 그지없다.

시간을 보니 벌써 배를 타야 하는 시각이 다 되어 간다. 날씨는 출항이 가능할 걸로 보여서 용기포항으로 발길을 재촉한다. 장시간 항해를 해야 하기 때문에 바다 날씨가 안 좋으면 출항이 안 되기에 당일에 못 나가는 경우가 가끔 생긴다. 부두에 도착하니 승선이 가능하다고 하여 티켓팅을 하고선 배에 올라탄다. 선실에서 그간 섬 투어를 시작하여 최북단 백령도까지 탐미를 해 왔던 지난 일들을 회고해 본다.

돌이켜 보면 망망한 바다와 변화무쌍한 날씨, 배편이 없어 접근하기 힘든 무인도, 미지의 섬에서 물리적 위험을 무릅쓰고 헤집고 다니는 동안 많은 어려움을 겪기도 하였다. 인생은 고해와 같은 현실을 희망으로 변화시키는 의미 있는 삶에 대한 도전이 필요하다고 생각했고 한 걸음씩 나아갔다. 때론 칠흑 같은 새벽에 작은 배를 타야 했고 거센 바람도 맞서야 했으며 한겨울에 폭설을 찾아다녀야 했다. 바다에 무심한 듯한 바위섬에 작은 해송은 인고의 세월 동안 해파를 극복해 내면서 야생의 모습으로 변모하여 기개를 보여 준다. 작은 무인도는 거센 해파를 이겨 내면서 천혜의 섬으로 탄생한다는 순리를 체험했으며 야생의 아름다운 자연의 미를 관조하면서 내 안의 순수한 영혼을 느낄 수 있었다.

그간의 험난한 과정을 극복해 내면서 얻은 노력의 결실을 맺어 사진전과 수필집을 마무리할 수 있게 되어 이루 말할 수 없는 기쁜 마음이다. 나아가서 한국의 보배로운 섬들의 가치에 대한 스토리텔링을 많은 사람들에게 전할 수 있게 된 것은 더욱 행복한 보람이고 정말 감사한 일이다.

〈2024. 11. 18. 이상호 작품평〉

《천혜의 멋진 섬 이야기》를 찍고 쓴다

박양근(문학평론가)

1. 섬 사진작가, 이상호

이상호는 "나 홀로 섬 탐방 셔터"다. 거제도에서 남해의 다도해를 거쳐 서해 최북단 백령도까지 200여 개의 섬을 카메라를 메고 4년여 동안 탐미하였다. 코로나 팬데믹 시기를 맞아 내 안의 존재를 찾아 망망대해에 떠 있는 섬의 제국을 사진과 글로 담아내는 여정을 감행하였다.

그는 경주 이씨, 부산 태생의 사진작가다. 바다가 지닌 아름다움과 섬이 갖춘 신비로움과 하늘이 품은 경이로움을 화각에 담는 사진 여행자가 되었다. 작은 포구, 떠오르는 태양과 만월, 갈매기와 해송, 동백터널 둘레길, 계절 풀꽃, 천년 기암과 굽이 튼 돌담과 환상적인 노을, 통통 낚싯배와 서넛 섬 가구는 그를 맞이해 주는 자연과 세월의 일부다. 장사도, 학림도, 수우도, 외도, 매물도, 두미도, 자은도… 이름도 정겨운 그곳은 그를 기다려 주는 탐미의 고향이다. 그러므로 눈발이 뿌리는 날씨도 개의치 않고 무인도와 유인도를 사진으로 되살려 냈다.

《천혜의 멋진 섬 이야기》는 남해와 서해에 산재한 숱한 섬 풍경을 사진과 글로 스토리텔링한 사진 에세이집이다. 이 에세이집을 발간하기 위해 이상호는 섬을 실존과 탐미의 대상으로 삼았다. 사진은 절경과 감정을 작가의 창의성으로 표현하는 예술 매체다. 글은 영감과 감성으로 삶을 풍부하게 해 준다. 이상호 작가는 사진과 문학을 합쳐 섬의 아름다움을 이미지화하고 서정화한다. 영원을 순간으로 포착하는 작업이 그에게는 삶이고 예술의 발현이기 때문이다.

2. 한 컷의 몰입

이상호의 《천혜의 멋진 섬 이야기》는 서시 〈천혜의 섬〉에서 시작한다. 그가 섬을 찾는 이유는 바다와 섬에는 길이 없기 때문이다. 오직 거친 조수와 향기로운 바람과 무지갯빛 사철 꽃과 푸른 해송과 바위만이 그를 안내하는 표지판이다. 따라서 그가 걷는 걸음 따라 길이 만들어지고 섬 지도가 새롭게 그려진다.

그의 섬 이야기는 거제도 〈경승지 대병대도의 여명〉에서 시작한다. 3월 하순 새벽 4시, 거제도 남부면으로 나선 그를 맞이한 곳이 여(礖)다. 여는 물살이 치면 잠기고 물살이 빠지면 드러나는 조그만 바위다. 마치 인간의 생명처럼 보잘것없지만 그곳은 붉게 떠오르는 첫 태양을 맞이하기에 충분히 넓다. 카메라를 설치하고 몸을 움직일 만한 장소라면 더없이 자유로운 공간이 된다. 순간을 정지시키는 촬영을 하노라면 피로감을 잊고 천해의 비경에 경탄한다. 섬을 거대한 조각품으로 만드는 자연의 은총이 더없이 고마워지는 때다.

이처럼 그는 섬 곳곳에서 자연이 이루어 낸 절경을 찍느라 쉴 틈이 없다. 장사도의 팔색조와 빨간 동백꽃이 섬 아씨처럼 반기고, 거제 형제섬은 봄빛 실록으로 길손의 배낭을 놓게 만든다. 새들의 섬 한림도는 물맛이 좋다 한다. 기암괴석의 경치를 자랑하는 수우도와 해오라기의 상노대도는 민심이 후하여 해송과 꽃나무마저 푸근하다. 6월의 더운 날씨를 이기려면 거제 대덕도와 소덕도를 찾고 인적 없는 무인도가 잠시 호젓한 낭만에 빠져들라 한다. 미인도라 불리는 비진도에서는 바다에 비친 달밤을 만날 것이다. 여름을 맞이한 연화도는 자연멍 때리는 천혜의 섬이다.

작가는 섬 사진 한 컷을 얻기 위해 울렁거리는 배 위에서 혼을 빼놓을 듯 작업에 열중한다고 말한다. 오직 멋진 순간만 찍겠다는 몰입은 우리가 서 있는 곳이 인생을 조망하는 최고의 뷰 포인트임을 알려 준다. 카메라와 한 몸이 되는 경건함은 셔터를 눌러 본 사람만이 안다고 말하는 그에게 친구는 노선장과 노수부다. 왜냐하면 그들에겐 섬이 모든 것이기 때문이다.

3. 화각 속의 이야기

이상호의 섬 스토리텔링을 이끄는 힘은 비경을 화각에 담을 때 자연명에 빠지고 몽환적 분위기를 느낀다는 데 있다.

그는 찰나를 영원으로 만드는 손을 가진 작가다. 그의 하루는 일출에서 시작하여 일몰로 끝나고 한 달은 새벽별에서 달밤으로 이어진다. 계절은 봄여름이 함께하고 가을은 겨울과 함께 이운다. 섬을 잇는 그의 이야기 덕분에 아무도 탐방하지 않았던 무인도가 이름을 얻고 유인도의 오지가 사진 예술의 옷을 입고 새롭게 등장한다.

이상호의 여름, 가을 발길은 어디로 갈까. 먼저 5월엔 꽃의 섬 하회도로 향하고 통영 볼개도에서는 무인도에 탐미의 고독을 즐긴다. 오곡도의 자갈 해변은 옛 고향마냥 평온하고 만지도에서는 절벽 3층탑의 사연을 듣는다. 소매물도 바위섬 언덕은 한 폭 선경이며 금오도 비렁길에서 찍은 구름은 한 폭 수채화를 이룬다. 황금빛 거금대교 건너편 거금도의 일몰이 하루를 접는 선물이라면 미조면 조도의 바위섬은 분재 암석과 다름없다. 매물도는 섬 형상은 섬 밖에서 보아야 한다는 이치를 알려 준다.

무엇보다 욕지도로 들어가면 천혜의 절벽을 만나러 남쪽으로 가야 한다. 2019년 봄 욕지도를 처음 방문하면서 남해안 섬 투어를 결심하였던 그는 2년 후 다시 욕지도로 돌아온다. 우리네 인생도 돌아오는 시간이 필요하지 않은가. 새벽 출사 준비를 위해 잠을 청하지만 그의 반려인 카메라는 화각을 맞추느라 밤새울 것이다.

4. 사진과 함께 하는 인생

《천혜의 멋진 섬 이야기》는 그에게 생의 부활을, 우리에게는 한국의 보배로운 섬을 아는 기회의 무대다. 때로는 섬마을 생선찌개와 막걸리가 고독을 달래 주지만 늘 "섬에서는 어둠이 빨리 내린다."라는 인생철학을 잊지 않고 있다. 이것을 다짐하기 위해 섬의 부름을 받은 그는 사진을 찍고 글을 썼다. 그리고 4년 세월이 흐르면서 섬 사진 장인이 되었다.

    가을과 겨울엔 서해 쪽 섬으로 갈 것이다. 낭만의 섬 개도는 10월 하순이면 붉은 단풍 옷을 입고 공룡들의 놀이터였던 사도의 트레킹 코스와 백일도 모래톱은 가을에도 살아 꿈틀대는 생명체다. 연화도와 그 이웃인 우도는 작가의 말대로 "그냥 좋다." 이곳에서 그는 "쟁반 태양"을 찍는 만선의 기쁨을 누렸다. 두미도의 환상적인 노을 풍경과 보길도 운치도 빼먹지 않는다. 폭설이 내린 겨울엔 학암포 하얀 모래벌판에 백설을 찍고 흰 눈이 내리지 않을지라도 진도의 붉은 겨울 석양을 위해 하룻밤을 기꺼이 묵는다. '해변 산중'이라는 자은도와 거센 눈보라 속 할미도를 거쳐 서해 최북단 백령도에 다다르면 마침내 섬 탐미 여정이 완성을 이룬다.

    환상적인 붉은 낙조를 화각에 마지막으로 담으면 집으로 데려다줄 배 시간이 다가온다. 망망대해와 변화무쌍한 날씨와 접근하기 어려운 무인도를 카메라 하나만 들고 헤집고 다녔다. 돌이켜 보면 그에게 섬 투어는 인생의 고해이며 삶에 대한 도전이며 인고의 세월을 이겨 낸 순례다.

5. 다시 그리운 섬으로

    《천혜의 멋진 섬 이야기》는 단순히 섬의 절경을 찍은 사진과 해설로 이루어진 작품집이 아니다. 그는 천혜의 섬과 야생의 자연미를 직접 체험하고 한국의 섬들을 이야기하여 우리 모두가 순수한 영혼을 갖도록 심혼으로 엮어 내었다.

    그 한 컷을 찍기 위하여 모든 열정을 바쳤다. 컴컴한 밤에 일어나 서너 시간을 운전하고, 배를 타고 파도 치는 바다를 달렸고, 거친 섬 둘레길을 헤맸고 바위를 건너뛰어 카메라를 설치한 후 몇 시간이고 기다렸다. 때로는 길을 잃고 끼니를 걸리고 눈보라에 온몸이 얼기도 했다. 출발할 때 마음속으로 그렸던 장면이 나타나면 미친 듯이 셔터를 눌렀다. 1/10초보다 더 짧은 만남을 위해 얼마나 많이 기다리는가는 그에게 중요하지 않다. 이 모든 것이 그에게는 고된 여정이 아니라 예술적 환희를 위한 행복한 준비이기 때문이다.

바다 태생 예술가답게 사진작가 이상호는 느림의 미학과 해안 생태의 소중함을 되풀이하여 강조한다. 그는 오늘도 "짙푸른 바다에서 솟아나 모진 해파를 이겨 내고 깎이고 파여 기암으로 태어나 하염없이 기다리는 섬으로 가리라."라는 꿈을 꾼다. 그리고 마침내 그는 섬님이 되었다.